Ernst Tugendhat
Nachdenken über die Atomkriegsgefahr und warum man sie nicht sieht
Rotbuch 319

Ernst Tugendhat

Nachdenken über die Atomkriegsgefahr und warum man sie nicht sieht

Rotbuch Verlag Berlin

1. Auflage

Satz und Druck: Druckhaus Neue Presse Coburg
Printed in Germany.
ISBN 3 88022 319 X

Inhalt

Vorwort

Das durchgehende Thema der hier abgedruckten fünf Beiträge ist die Irrationalität der Drohung mit dem Atomkrieg. Auch diejenigen, die die atomare Rüstung befürworten oder hinnehmen, mögen sie in einem bestimmten Sinn als irrational ansehen; sie erscheint ihnen jedoch als unvermeidlich: als das geringere Übel oder gar als Schicksal. Ich verstehe das Wort »Irrationalität« nicht in diesem schwachen Sinn. Daß die Politik der atomaren Drohung irrational ist, soll heißen: diese Politik widerspricht unserem wohlverstandenen kollektiven Interesse (denn sie führt unweigerlich früher oder später zum Untergang der Menschheit), und: sie kann geändert werden. Folglich muß sie geändert werden. Noch könnte das gelingen, wenn die große Mehrheit der Bevölkerung die Gefahr genügend ernst nähme. Aber wir haben wahrscheinlich nicht mehr viel Zeit.

Die fünf Versuche entstanden in der Zeit zwischen Herbst 1983 und Frühjahr 1986 in der chronologischen Reihenfolge, in der sie hier abgedruckt werden. Der vierte erschien zuerst als Artikel in der Berliner *Tageszeitung* zum 40. Jahrestag des Abwurfs der ersten Atombombe auf Hiroshima. Die anderen vier sind Vorträge, die in verschiedenen Situationen gehalten wurden, alle fünf stellen jedoch Schritte in einem zusammenhängenden Argumentationsgang dar.

Der erste Vortrag stammt aus der Zeit der sogenannten »Nachrüstungs«-Debatte. In ihm befaßte ich mich zuerst mit der besonderen Frage, ob die Stationierung der amerikanischen Mittelstreckenraketen rational sei. Das entscheidende Argument der Gegenseite, das auch in den Beschluß des Bundestages eingegangen ist, lautete damals: die Mittelstreckenraketen seien erforderlich, um ein Gleichgewicht gegenüber den sowjetischen SS-20 herzustellen. Heute, wo der Westen von der Sowjetunion an dieser Stelle beim Wort genommen wird, durch die Bereitschaft, auf die »Null-Lösung« einzugehen, wird von konservativer Seite offen zugegeben, daß dieses Argument ein Schwindel war – also eine Täuschung der öffentlichen Meinung.[1]

Die Überlegungen, die ich zu dieser speziellen Frage brachte, erscheinen mir nach wie vor objektiv schlüssig und definitiv. Mit eingestandenermaßen subjektiven Faktoren behaftet sind hingegen meine weiterreichenden Argumente für eine entschiedene Politik der Entspannung und Abrüstung und für eine uneingeschränkte Absage an Atomwaffen, denn hier kommen unvermeidlich sowohl objektiv nicht eindeutig entscheidbare Einschätzungsfragen als auch Wertsetzungen ins Spiel.

Ich habe diese Problematik nicht in allen ihren Ausästelungen verfolgt, wohl aber in ihre letzte Konsequenz. Es erschien mir ein Erfordernis der intellektuellen Redlichkeit, auch auf den unwahrscheinlichen, für meine Sichtweise ungünstigsten Fall einzugehen, und ich habe für *diesen* Fall die Option vertreten, die man unter das gängige Etikett »lieber rot als tot« stellen kann. Es war vorauszusehen, daß viele Hörer und Leser geflissentlich übersehen würden,[2] daß das nicht mein *Vorschlag* war, daß dieser vielmehr lautet: der Frieden ist nur durch eine Politik der Verständigung und der Kooperation zu erhalten und nicht durch Militarismus und eine Politik der Konfrontation. Die Option »lieber rot als tot« ist nur als Zugeständnis für den »worst case« gemeint gewesen. Entgegnungen, die nicht ähnlich abgestuft argumentieren und der Friedensbewegung triumphierend Rezepte eines schlichten »weder rot noch tot« entgegenhalten, sind lächerlich: Als ob diese Rezepte nicht noch viel risikobehafteter wären.

Die einzige ehrliche Alternative, wenn es um Letztentscheidungen geht, ist die entgegengesetzte: »lieber tot als rot«. Das Eigentümliche der durch diesen Slogan gekennzeichneten Haltung, die wohlgemerkt nicht eine extrem-konservative, sondern die offizielle und die des Durchschnittsbürgers ist,

1 Vgl. K. Feldmeyer, »Die Wahrheit über die Null-Lösung« (Leitartikel), in: *Frankfurter Allgemeine Zeitung*, 22. 2. 1986, S. 1.

2 Vgl. z. B. R. Maurer, »Philosophie und Frieden«, in: *Allgemeine Zeitschrift für Philosophie*, Jg. 11 (1986), S. 54 f.

maßgebend z. B. auch für die SPD, ist *erstens:* Das »lieber tot als rot« gilt nicht, wie in der Friedensbewegung das »lieber rot als tot«, als Eingeständnis dessen, was man in einer fernen Eventualität zur Not in Kauf nehmen würde, sondern das »lieber tot ...« prägt und durchdringt bereits das *jetzige* Verhalten. Es bestimmt die aktive Kampfbereitschaft der Soldaten und vor allem der Strategen und das militante Gehabe an den Stammtischen. *Zweitens* aber erscheint es unmöglich, daß das »lieber tot ...« von denen, die diese Haltung einnehmen, in seiner Tragweite gefühlsmäßig erfaßt wird; das zeigt sich schon in der bagatellisierenden, scheinbar auf den einzelnen bezogenen Verwendung des Wortes »tot«. Man wird mir entgegenhalten, daß sich diese zwei Aussagen widersprechen: Einerseits soll das »lieber tot als rot« schon das jetzige Verhalten durchdringen, andererseits gar nicht erfaßt werden. Ein Widerspruch in der Tat, aber er geht nicht zu Lasten meiner Aussagen, sondern charakterisiert die Realität, die durch sie beschrieben wird: Da es sich hier um eine psychische Realität handelt, die die Fähigkeit des Verdrängens einschließt, kann sie insofern wirklich widersprüchlich sein. Der Krieg wird betrieben, und gleichzeitig glaubt man nicht, daß es zu ihm kommt: Das sollte eigentlich ein Widerspruch sein, ist es aber nicht. Ich glaube daher nicht, daß irgend jemand, der den Slogan »lieber tot als rot« vertritt, ihn wirklich meint. »Wer nicht bereit ist, für seine Werte zu sterben, der ...«, so sagen sie und merken nicht, daß diese Worte nicht passen. Wenn wir auf die lange Geschichte der Kriege der Menschheit zurückschauen, ist es aus der Distanz traurig und unverständlich genug, für welche Werte Menschen immer wieder überredet wurden, ihr Leben zu opfern und Länder zu verwüsten.[3] Heute aber be-

3 Ich verweise, anstelle von beliebig vielen anderen Beispielen, auf den peloponnesischen Krieg, in dem die griechische Welt sich selbst zugrunde gerichtet hat. Die Gesichtspunkte, die dabei maßgeblich waren, erscheinen aus der historischen Distanz merkwürdig kurzsichtig, aber das wechselseitige Mißtrauen schaukelte sich – wie in der heutigen Krise – zu einer Eskalation auf, die immer mehr das Eigengewicht eines scheinbar objektiven Geschehens annahm. Vgl. Philip McDonagh, »A Greek Tragedy Reviewed«, in: *Transnational Perspectives,* Bd. XI (1985), H. 4, S. 22-28. In McDonaghs Darstellung wird auch deut-

deutet das »lieber tot als rot«, daß man um willen von Werten bereit sein müßte, der Geschichte der Menschheit ein Ende zu setzen. Wer das zu sagen bereit ist, ohne daß ihm die Worte und Werte im Halse stecken bleiben, ist unaufrichtig – bewußt oder unbewußt. Natürlich kann ich das nicht beweisen.

In dem Vortrag über »Rationalität und Moral« gehe ich auf zwei Probleme ein, die ich in dem ersten Vortrag offengelassen hatte. Erstens, wenn wir schon den atomaren Krieg ächten – das ist die Position des »Nuklearpazifismus« – und mit ihm auch den chemischen und bakteriologischen Krieg, liegt es dann nicht nahe, den Krieg überhaupt zu ächten und eine radikalpazifistische Position einzunehmen? Die Atombombe zwingt uns, unser Verhältnis zu Militarismus und Krieg überhaupt zu überdenken.

Zweitens hatte ich in dem ersten Vortrag die Perspektive der Moral ganz ausgeklammert. Diese wurde mir in dem Streitgespräch mit André Glucksmann, für das ich das zweite Stück schrieb, gewissermaßen von außen aufgezwungen. Erst danach stellte ich mit Überraschung fest, daß es – ganz anders als bei uns – in der angelsächsischen Philosophie (und Theologie) der letzten Jahrzehnte eine intensive *moralische* Diskussion über Krieg und Atomkrieg gibt, die sich an der alten völkerrechtlichen Tradition zur Frage des *bellum iustum* orientiert. So kam ich in dem Vortrag über »Rationalität und Moral« zu einer wesentlich differenzierteren Darstellung der moralischen Frage als die, die ich in der Glucksmann-Kritik skizziert hatte, und zugleich zu einem düstereren Ergebnis, was die mögliche Berechtigung eines Krieges betrifft. So, wie ich in der Glucksmann-Kritik argumentiert hatte: daß allemal die direkte Tötung von Unbeteiligten unzulässig ist und daß deswegen auch die Drohung mit Atombomben unzulässig ist, wobei alles weitere erstmal offengelassen werden kann – so wird auch von vielen Autoren argumentiert, die in der Tradi-

lich, daß die innenpolitisch liberalere und demokratische Seemacht, Athen, die außenpolitisch expansivere und militantere war, während die innenpolitisch repressive Kontinentalmacht, Sparta, obwohl sie die militarisiertere Gesellschaft war, außenpolitisch vorsichtiger und auf die Erhaltung des Status quo bedacht war.

tion des bellum iustum stehen. Aber so einfach kann man es sich nicht machen, man kann das weitere nicht offenlassen, denn auch mit jeder anderen Form von Krieg wird Tod und Verstümmelung von Unbeteiligten, wenn auch nicht direkt intendiert, so doch bewußt in Kauf genommen. Ist das etwa nicht Mord und Massenmord? Damit will ich nicht sagen, daß ein bewaffneter Aufstand oder eine bewaffnete Abwehr nie eine legitime moralische Entscheidung sein kann. Sie kann es sein, wenn man dem, was man dabei moralisch in Kauf nimmt, wirklich in die Augen sieht. Daß dies in der Geschichte höchst selten geschehen ist, darf man wohl annehmen, weil die Bereitschaft, sich einer als unrechtmäßig angesehenen Macht mit Gewalt zu widersetzen, in Wirklichkeit immer psychologisch unterstützt war durch eine lange Tradition des Heroismus, der Hochschätzung des Militärischen und der mit dieser einhergehenden Gleichgültigkeit gegenüber den Opfern. Und so spricht viel dafür, daß, wenn wir die moralische Dimension nicht preisgeben wollen (und das können wir nicht, sofern denn unser Kampf – wie alle behaupten – ein Kampf gegen Unrecht sein soll), ein tiefgehendes Umdenken erforderlich ist in der Richtung, die Gandhi und andere mit der Idee des gewaltlosen Widerstandes oder Aufstandes gewiesen haben.[4] Diese Idee ist neben der Erfindung der Atombombe die andere große Innovation unserer Zeit in Sachen Krieg und Frieden. Ist es nicht in Wirklichkeit widersprüchlich, die Bereitschaft zum Einsatz der Atombombe als Zeichen dafür anzusehen, daß ein Volk bereit sei, sich zu wehren, da doch bei einer Verwendung von Atomwaffen die Rede von einem Sichwehren ihren normalen Sinn verliert? Der gewaltlose Widerstand hingegen ist schwer, er mag in vielen Fällen aussichtslos erscheinen, aber hängt das nicht eben daran, daß er nur funktioniert, wenn tatsächlich das ganze Volk sich wehrt?

Während das dritte Stück nur eine moralphilosophische *Ergänzung* des ersten Vortrags ist, ist der Vortrag über die irra-

4 Vgl. Theodor Ebert, *Gewaltfreier Aufstand,* Frankfurt/M. 1970, mit vielen weiteren Verweisen.

tionalen Faktoren die direkte *Fortsetzung* des ersten. Er führt denselben Dialog weiter, aber gewissermaßen auf einer Metaebene: Nachdem sich nämlich gezeigt hat (so unterstelle ich, bzw. diese Erfahrung habe ich mit meinem ersten Vortrag gemacht), daß keiner der beiden Kontrahenten den anderen in direkter Argumentation überzeugen konnte, müssen sie jetzt, wenn sie überhaupt noch im Dialog bleiben wollen, nach dem fragen, was sie beide an einer rationalen Verständigung hindert, also nach den irrationalen Faktoren, nach ihren Vorurteilen. So mache ich hier erste Schritte zu einer Theorie der Vorurteile, die unsere Bereitschaft, auf Argumente der Gegenseite bei den hier relevanten Fragen einzugehen, einschränken. Diese Vorurteile müssen sich in erster Linie auf die zwei Einschätzungsfragen auswirken, über die ich mich mit meinem Gesprächspartner im ersten Vortrag nicht einigen konnte: die Frage, wie gefährlich die Russen sind, (und auch die weitere Frage, die immer dringlicher zu werden scheint: wie gefährlich sind wir selbst bzw. die Amerikaner?) und die Frage, wie groß die Gefahr ist, daß es zum Atomkrieg kommt? Ich komme zu dem Ergebnis, daß es auf der Seite der Falken sowohl massive sozialpsychologische Vorurteile gibt, als auch solche, die ich Vorurteile aus kognitiver Trägheit nenne, während bei den Tauben für mich nur eine besondere (übrigens auch bei den Falken vorhandene) Vorurteilsstruktur erkennbar ist, die ich als innersystemisch bezeichne. Damit soll nicht erwiesen sein, daß bei den Falken diese Vorurteile tatsächlich wirkam *sind*, sondern nur, daß dies eine Möglichkeit oder Wahrscheinlichkeit ist; und das müßte einen Vertreter dieser Position, wenn er bereit wäre, reflektiert zu denken, darauf aufmerksam machen, daß er mit diesen Vorurteilen zumindest rechnen muß. Natürlich könnte man nun auf der anderen Seite versuchen, meine ganze Betrachtung als falsch, einseitig oder ihrerseits vorurteilsbestimmt zu erweisen.

Das kurze vierte Stück hängt systematisch eng mit diesem fünften zusammen. In ihm hebe ich ganz auf die offenkundige Unfähigkeit ab, auf Gefahren affektiv in realitätsangemessener Weise und d. h. mit der entsprechenden Angst auch dann zu reagieren, wenn diese Gefahren nicht sinnlich wahrnehmbar sind und nicht unmittelbar bevorstehen. Hier scheint der letztlich ausschlaggebende Grund dafür zu liegen, warum der Großteil der Bevölkerung die Gefahr des Atomkrieges nicht empfindet und deswegen auch nichts gegen sie tut. Diesen Faktor habe ich in dem fünften Stück zu den Vorurteilen aus kognitiver Trägheit gezählt. In Diskussionen wurde mir entgegengehalten, daß es sich hier nicht eigentlich um eine kognitive, sondern um eine affektive Schwäche handelt. Diese Korrektur erscheint mir richtig. Hier ist also eine weitere Differenzierung erforderlich.

Wie müßten jetzt die nächsten Schritte der theoretischen und politischen Argumentation aussehen? Mit dieser Frage spreche ich zugleich die wichtigsten Defizite und Schwächen an, die in meinen Augen den beiden grundlegenden Versuchen dieser Reihe – dem ersten und dem fünften – anhaften. Erstens müßte jetzt die Frage nach den Vorurteilen kausal vertieft werden. Es kann nicht ausreichen, im *allgemeinen* eine *Tendenz* zu Feindbildern und einer aggressiv nach außen gerichteten Gruppenidentifizierung zu konstatieren, vielmehr müßte geklärt werden, welche sozialen und ökonomischen Faktoren diese Tendenz verstärken, welche sie vermindern würden.[5] Ferner genügt es nicht, die Interessen, die die ökonomischen, militärischen und politischen Eliten an Aufrüstung und Kriegsbereitschaft haben, als einen weiteren Faktor *neben* der allgemeinen Tendenz zu Feindbildern zu konstatieren, da ja diese Interessen, insbesondere über die Medien, ein entscheidender kausaler Faktor für die Aufrechterhaltung und Ausbildung der Feindbilder sind. Aufgaben für den Sozialwissenschaftler.

5 Der große moralische Konflikt unserer Zeit ist nicht etwa der zwischen Moralität und Amoralität (Egoismus), sondern der Konflikt zwischen einer *gruppenbezogenen* (ethnozentrischen) und einer *universalistischen* Moral. Vgl. mein Buch *Probleme der Ethik* (Stuttgart 1984, S. 126 ff., 162 ff.). Eine Analyse von nationalistischen Vorurteilen müßte daher erklären, warum ethnozentrische Moralvorstellungen, auch wenn sie heute sowohl funktional als auch hinsichtlich ihrer Begründungsfähigkeit veraltet sind, gleichwohl nach wie vor das Selbstverständnis der meisten Menschen bestimmen.

Zweitens wäre jetzt von der Metaebene auf die Ebene der direkten Argumentation zurückzukehren, und dabei müßten gerade jene Einschätzungsfragen ins Zentrum rücken, die ich in beiden Vorträgen offengelassen habe, im ersten Vortrag in der Weise, daß ich jedesmal dem Gegner sagte: »Ich will einmal hypothetisch annehmen, daß diese Frage – z. B. die Gefahr der Russen – so zu beantworten wäre, wie es deinen Vorurteilen entspricht; auch dann folgt usw.« Diese Zurückhaltung ist mir natürlich von den Vertretern der Gegenseite schlecht gedankt worden. Die hypothetischen Annahmen, die ich, um die Logik des Arguments zu verdeutlichen, für den Fall machte, daß meine empirischen Einschätzungen nicht zutreffen sollten, wurden als Zugeständnisse oder gar Eingeständnisse aufgefaßt. Nachdem jetzt die Reflexion auf die Vorurteile erfolgt ist, die sich bei den Falken verzerrend auf die Beantwortung dieser Einschätzungsfragen auswirken, müßten diese nunmehr frontal und in allen empirischen Details angegangen werden. Eine Aufgabe für den Historiker, weil eine vorurteilsfreiere Annäherung in der Frage, wie gefährlich die Sowjetunion ist und wie gefährlich die Vereinigten Staaten sind, wenn überhaupt, so nur auf der Grundlage besserer Erkenntnisse über die Geschichte der westlichen sowie der östlichen Politik seit 1945 zu erreichen sein wird.

Aber das Erfordernis wissenschaftlicher Fundiertheit mit Bezug auf die Vorgeschichte und in den Details darf nicht davon ablenken, daß gerade heute die wichtigsten Faktoren, die sich destabilisierend auf die internationale Krise auswirken, offenkundig und eindeutig sind. Während die Sowjetunion – aus welchen Motiven auch immer, aber immerhin – dem Westen konkrete Vorschläge zu Abrüstung, Testmoratorien usw. vorlegt, fahren die Vereinigten Staaten unbekümmert mit der atemberaubenden Beschleunigung ihrer Aufrüstung fort. Eine Zeitlang konnte man vielleicht noch darüber streiten, ob die USA in bestimmten Bereichen einen Nachholbedarf hatten (obwohl sich in der Vergangenheit alle solchen Behauptungen nachträglich als falsch erwiesen haben).[6] Heute sind

6 Vgl. Alan Wolfe, *The Rise and Fall of the ›Soviet Threat‹*, Institute for Po-

sich die Experten bei allen Differenzen im Detail soweit einig, daß die Sowjetunion mit dem von den USA eingeschlagenen Tempo nicht mithalten kann. Die Amerikaner sagen auch längst offen, daß sie nicht Stabilität, sondern Überlegenheit anstreben.[7] Die Meinungen können also nur noch insofern auseinandergehen, als manche der Auffassung sein mögen, die Sowjetunion sei derart expansiv, daß nicht nur nicht Abrüstung, auch nicht Gleichgewicht und Stabilität, sondern nur eine Übermacht des Westens den Frieden sichern kann. Aber ein solches Ausmaß an Blauäugigkeit ist schwer nachzuvollziehen. Es wäre erstens wohl ein historisch erstmaliges Phänomen, daß diejenige Seite, die sich gegen Entspannung ausspricht und zugleich die größeren Aufrüstungsanstrengungen unternimmt, die inhärent defensivere ist. Zweitens haben die Amerikaner in aller Deutlichkeit der Welt erklärt, was sie unter einem rein defensiven Krieg verstehen, als sie ihren Überfall auf Libyen als einen Akt der Verteidigung bezeichneten. Wenn das ein Akt der Verteidigung war, hat das Wort »Verteidigung« seinen bisherigen Sinn verloren; es steht jetzt gleichwertig für Angriff. Unser Verbleib in der NATO bedeutet also, daß wir einem Angriffsbündnis angehören.

Es lohnt sich, die Betrachtungen wenigstens einen Schritt weiter zu konkretisieren. Zur Zeit ist ein Modernisierungswettlauf der nuklearen Trägersysteme zwischen den beiden Supermächten im Gang, bei dem die USA die Schrittmacherfunktion haben. Der Zweck dieser Modernisierung, zu der auch schon die Pershings II gehören, ist, von der Strategie der wechselseitigen gesicherten Zerstörung (»MAD«) wegzukommen und einen begrenzten Atomkrieg führbar zu machen. (SDI gehört in denselben Kontext.) Auch in seinem diesjährigen Jahresbericht an den amerikanischen Kongreß

licy Studies, Washington 1979. Vgl. auch James P. Sterba, »How to Achieve Nuclear Deterrence without Threatening Nuclear Destruction«, in: Sterba (Hrsg.), *The Ethics of War and Nuclear Deterrence,* Belmont 1985, S. 155-168 (hier: S. 157-159).

7 Vgl. die alarmierende und paranoid wirkende Rede, die Fred Iklé auf der Münchener Wehrkundetagung im März 1986 gehalten hat, in: *Frankfurter Rundschau* (Dokumentation), 18. 3. 1986, S. 10.

hat Weinberger erklärt: »Wir wollen nicht einen nuklearen Krieg führen, aber wenn uns ein Krieg aufgezwungen wird, müssen wir siegen.«[8] (Wir wollen ihn nicht an und für sich – welch menschenfreundliche Gesinnung! –, sondern nur »wenn«; und wie dieser Wenn-Satz zu verstehen ist, haben die Amerikaner bei ihrem Überfall auf Libyen gezeigt; denn auch dieser Angriff ist ihnen ja offenbar »aufgezwungen« worden.) Die Fähigkeit, einen begrenzten Atomkrieg zu führen, soll die atomare Abschreckung glaubhafter machen. Hier ist es wichtig, sich klarzumachen, *welche* Abschreckung dadurch glaubhafter werden soll.

Es gibt drei Fälle. Erstens die Abschreckung der Sowjetunion von einem nuklearen Angriff auf die USA selbst. Für diese gilt weiterhin das alte Konzept (»MAD«). Es kann sich also nur zweitens um eine Abschreckung von einem Angriff auf Westeuropa handeln oder drittens um eine Abschreckung der Sowjetunion von einem Eingreifen irgendwo sonst auf der Welt.

Der zweite Fall ist nicht real, sondern nur ideell relevant, weil in Wirklichkeit niemand mit einem sowjetischen Überfall auf Europa rechnet, aber er ist der rhetorisch wichtige, weil er die Antwort auf die langjährigen Forderungen verwirrter europäischer Politiker ist, die Amerikaner müßten ihre atomare Abschreckung glaubhafter machen. Die Amerikaner sagen ihnen jetzt: »Hier habt ihr, was ihr gefordert habt – nur so läßt sich die Abschreckung in Europa ›glaubhafter‹ machen«. Diese Politiker haben jedoch in ihrer Verwirrung immer noch nicht gemerkt, daß das nicht mehr eine Sicherheitspolitik (in einem wie auch immer überdehnten Sinne dieses Wortes) für Europa sein kann, sondern nur (bestenfalls) für die USA. Durch diese Abschreckung würden die Europäer nicht mehr geschützt, sondern geopfert.

»Würden«, wenn was? Angeblich, wenn die Sowjetunion Europa angreift. Da damit, wie gesagt, nicht zu rechnen ist, könnten wir vielleicht, wenn das alles wäre, ruhig weiterschla-

8 Caspar Weinberger, Annual Report to the Congress, Fiscal Year 1986, S. 45, 27.

fen, aber wir können es nicht; denn Europa ist durch die neue Abschreckungsstrategie vor allem indirekt betroffen: durch sogenannte horizontale Eskalation, falls nämlich die Sowjetunion – und das ist der dritte und einzig reale Sinn der neuen Abschreckungsstrategie – irgendwo sonst eingreifen sollte. Der Zweck der neuen amerikanischen Atomstrategie ist also, sich überall auf der Welt für imperialistische Eingriffe freie Hand zu schaffen, ohne daß die Sowjetunion sie dabei stören soll. Schon während ihrer mißglückten Hubschrauberaktion gegen den Iran im Jahre 1979 sollen die Amerikaner ihre F-111-Atombomber in England, für die Sowjets erkennbar, in Alarmbereitschaft gesetzt haben, ebenso während der Aktionen gegen Libyen in diesem Jahr ihre Mittelstreckenraketen. Diese Politik der »brinkmanship«, in der die Zurückhaltung der zweiten Supermacht ein Faktor im Kalkül ist, wird voraussichtlich noch einige »Erfolge« zeitigen. Aber je mehr die Sowjetunion auf diese Weise an die Wand gedrängt wird und Gesichtsverluste hinnehmen muß, desto wahrscheinlicher wird es, daß der Moment nicht mehr fern ist, an dem die Katastrophe nicht mehr aufzuhalten sein wird.

Es kommt ein weiterer Faktor hinzu, der ebenfalls mit der »Modernisierung« der nuklearen Trägersysteme zusammenhängt. Ich zitiere aus der im März 1986 herausgebrachten Broschüre der *Union of Concerned Scientists,* in der diese neuen Systeme analysiert werden: »Das durchgängige Thema der strategischen Modernisierung der USA ist die Umstellung der nuklearen Waffen auf harte Ziele. Wenn die laufenden Programme so durchgeführt werden, wie sie geplant sind, wird diese Umstellung die Verwundbarkeit der sowjetischen nuklearen Waffen und der Kommando- und Kontrollsysteme durch einen amerikanischen Angriff erhöhen. Aufgrund der weitgehenden sowjetischen Abhängigkeit von landgestützten Raketen wird die Sowjetunion vor dem Problem eines ›Fensters der Verwundbarkeit‹ stehen, das bei weitem schwerer wiegt als dasjenige, das die Vereinigten Staaten in den vergangenen Jahren beunruhigt hat. Während einige das für eine positive Entwicklung ansehen mögen, wird das Ergebnis wahrscheinlich in einer dramatischen Herabsetzung der Krisenstabilität bestehen.«[9] »Diese Entwicklung führt zu einer fortdauernden Verminderung von Abschreckung und Sicherheit, weil sie, sobald ein atomarer Konflikt wahrscheinlich erscheint, einen Erstschlag für jede der Supermächte als vorteilhaft erscheinen läßt.«[10]

Wie kritisch die Lage ist, zeigt sich daran, daß wir uns bereits glücklich schätzen müßten, wenn die USA wenigstens zu einer Politik der Stabilität in der wechselseitigen atomaren Abschreckung und zu einer Position der Verhandlungsbereitschaft zurückkehren würden. Daß auch die Europäer sie nicht ernsthaft dahin zu drängen versuchen, zeigt, wie umfassend die Verblendung ist. Das Erwachen wird unbeschreiblich furchtbar sein und zu spät.

Berlin, im Mai 1986 *Ernst Tugendhat*

9 Peter Clausen, Allan Krass, Robert Zirkle, *In Search of Stability. An Assessment of New U.S. Nuclear Forces,* A Report by the Union of Concerned Scientists, 1986, S. VII.

10 A. a. O., S. 4.

Rationalität und Irrationalität der Friedensbewegung und ihrer Gegner

Versuch eines Dialogs

Ich gehe aus von dem sich immer erneut wiederholenden beklemmenden Erlebnis, daß man sich in der Frage des gemeinsamen Überlebens gegenseitig nicht versteht. Fast die ganze westliche Welt ist wie gespalten in zwei große, über die nationalen Grenzen zusammenhängende Kommunikationssysteme, die sich gegenseitig abzuschotten drohen und neue Grenzen schaffen, die quer durch Familien und Freundschaften verlaufen. Es sind nicht einfach entgegengesetzte politische Zielsetzungen. Die tiefere Differenz, die uns aneinander und, wenn wir dünnhäutig sind, an uns selbst verzweifeln lassen kann, ist die Differenz in der Sprache, im Verstehen, in den unausgesprochenen Voraussetzungen, die in die beiderseitige Wahrnehmung der politischen Realitäten eingehen.

Wenn Menschen sich nicht mehr verstehen, können sie sich gegenseitig nur noch irrational erscheinen; das liegt einfach im Sinn des Nichtverstehens. Es ist daher kein Zufall, daß der häufigste wechselseitige Vorwurf, der von den Gegnern der Friedensbewegung gegen diese und von dieser gegen jene erhoben wird, der Vorwurf der Irrationalität ist. Ein solcher Vorwurf bedeutet immer, daß die Gründe, die die anderen für ihre Überzeugungen anführen, als unzureichend empfunden werden. Wenn wir die Gründe der anderen nicht mehr verstehen können, können wir nur noch versuchen, ihre Überzeugungen aus Motiven zu erklären, die ihnen selbst nicht bewußt sind. Ein solches Vorgehen impliziert, daß wir die andere Seite nicht mehr als Dialogpartner ernst nehmen können, daß wir nicht mehr mit ihr, sondern nur noch über sie sprechen. Dieser Rekurs auf die dahinterliegenden psychologischen und sozialpsychologischen Motive ist rational und sogar unerläßlich, *wenn* wir eine Position nicht mehr direkt verstehen können. Er ist aber nicht rational, wenn er vorzeitig einsetzt, d. h. wenn wir nicht vorher alles getan haben, die Gründe der anderen Seite im Dialog zu verstehen. Im konkreten Fall ist der vorschnelle Vorwurf der Irrationalität in beiden Richtungen wenig überzeugend, weil sich doch niemand einreden kann, daß alle Vertreter der jeweils anderen Seite dumm oder böswillig oder beides sind.

Im politischen Kampf liegt es nahe, den Gegner zu diffamieren. Der Dialog wird möglichst rasch abgebrochen, jede Seite sucht sich diejenigen Aspekte der anderen heraus, wo sie möglichst schwach erscheint. Platon stellte dieser rhetorischen Methode, wie er sie nannte, diejenige gegenüber, die er als die philosophische bezeichnete, wobei »philosophisch« einfach besagt, daß man einen Dialog anstrebt, in dem es nicht um Punktesammeln, sondern um größtmögliche gegenseitige Wahrhaftigkeit geht, und das heißt: um größtmögliche intersubjektive Rationalität. Platons Forderung, daß die Politiker in diesem Sinne Philosophen werden müssen, ist über die Jahrhunderte belächelt worden. In der gegenwärtigen Frage aber, in der es um unser Überleben geht, können wir uns den Verzicht auf gegenseitige Verständigung nicht leisten. Jedes Versäumnis an Rationalität ist ein weiterer Schritt an den Abgrund. Rationalität ist aber wesensmäßig intersubjektive Rationalität, weil wir nur, wenn wir uns den Gegengründen der anderen Seite aussetzen, die Triftigkeit und das Gewicht der eigenen Gründe ermessen können.

Ich werde mir also im folgenden einen Dialogpartner vorstellen, der auf der anderen Seite steht und von dem ich weiß, daß er weder dumm noch böswillig ist, und von dem ich voraussetze, daß er ein ebenso starkes Bedürfnis nach Verständigung hat wie ich. Das Gespräch mit Rudolf – das ist der Name, den ich meinem Freund gebe – soll den Sinn haben, das Panorama der hier strittigen Gesichtspunkte mitsamt ihren Hintergrundannahmen auszuleuchten.

Dem Kontrahenten von Rudolf gebe ich keinen ebensolchen fiktiven Namen, sondern hier bleibe ich in 1. Person, um einen falschen Anschein von Objektivität zu vermeiden. Ich will mein Engagement nicht verleugnen, ich stehe nicht über den Parteien. Darüber hinaus ist natürlich klar, daß auch der Dialog im ganzen subjektiv insofern ist, als das Gespräch von mir konstruiert wird und ich es bin, der meinem Freund seine Argumente in den Mund legt. Ich kann dabei nicht mehr tun, als mich zu bemühen, ihn mit den stärksten Argumenten auszustatten, die ich aus Gesprächen, aus der Literatur und aus eigener Reflexion kenne, und es ist natürlich ganz ausgeschlossen, daß ich dabei auch nur annähernd wirkliche Objektivität erreiche. Wäre es dann nicht besser, so könnte man mir entgegenhalten, auf den gespielten Dialog zu verzichten und einen Diskurs mit einem lebendigen Partner zu suchen, der Argumente bringen würde, die ich gar nicht antizipieren kann? Doch das eine schließt das andere nicht aus. Podiumsdiskussionen und Interviews haben ihre eigenen Chancen, aber auch ihre eigenen Schwierigkeiten.

Nun wird Rudolf zunächst gar nicht bereit sein, sich ohne weiteres auf eine Argumentation einzulassen, die mit dem Titel dieses Vortrags überschrieben ist. »Kann man denn überhaupt«, so höre ich ihn fragen, »von *der* Friedensbewegung sprechen? Besteht nicht die sogenannte Friedensbewegung aus einem Gemisch der verschiedensten Positionen? Und wenn die Friedensbewegung keine bestimmte Position darstellt, ist auch die Rede von ›ihren Gegnern‹ ebenso unbestimmt. Außerdem ist die Selbstbetitelung ›Friedensbewegung‹ schon deswegen ärgerlich, weil sie unterstellt, daß nur diejenigen, die sich zu dieser Bewegung zählen, auf Frieden ausgerichtet sind. Das Ziel der Friedenserhaltung haben wir doch aber alle, wir unterscheiden uns nur in unserer Vorstellung über die geeignetsten Mittel.«

»Ganz recht«, antworte ich, »hier sind durchaus Unterscheidungen erforderlich. Die globale Bezugnahme auf ›die Friedensbewegung‹ im Titel war jedoch nötig, weil sie einen Stellenwert im öffentlichen Bewußtsein hat. Von ihr müssen wir also ausgehen. Übrigens hat die globale Bezugnahme auf ›die‹ Friedensbewegung häufig gerade einen verdeckten rhetorischen Stellenwert, wenn die Friedensbewegung von Deinen Freunden als irrational bezeichnet wird. Man geht dann davon aus, daß bestimmte Fernziele vieler, die sich zur Friedensbewegung zählen, utopisch, unrealistisch und in diesem Sinn irrational sind, und überträgt das dann stillschweigend auf bestimmte Nahziele, die von der Friedensbewegung gefordert werden, wie die Verhinderung der Nachrüstung.«

Ich stimme also mit Rudolf darin überein, daß wir die Frage der Rationalität und Irrationalität der Friedensbewegung und ihrer Gegner überhaupt nur klären können, wenn wir verschiedene Ebenen unterscheiden. Wovon ich ganz absehe, sind diejenigen gewiß großen Teile der Friedensbewegung, denen man Uninformiertheit über die militärpolitischen Details vorwerfen kann. Sich nicht oder nur einseitig zu informieren in einer Frage, die man für überragend wichtig hält und von der man weiß, daß sie kontrovers ist, und gleichwohl eine bestimmte Position zu beziehen, ist eine Haltung, auf die in der Tat wie auf keine andere die Bezeichnung Irrationalität paßt, aber diese Haltung findet sich natürlich auf der anderen Seite genauso, ja quantitativ in wesentlich größerem Ausmaß, ein Umstand, der seine einfache Erklärung darin findet, daß der Großteil derer, die nicht zur Friedensbewegung gehören, das Problem eben nicht für überragend wichtig halten. Im übrigen ist diese Form der Irrationalität – das Versäumnis, sich angemessen zu informieren – natürlich ein graduelles Phänomen. Das macht es freilich nicht besser, ja, es ist das eigentliche Hauptübel. Rudolf ist für mich so definiert, daß er ungefähr gleich informiert ist wie ich, keiner von uns ist ein Experte. Wir einigen uns daher leicht dahingehend, daß wir darauf verzichten, diesen Pauschalvorwurf gegenseitig zu erheben, und statt dessen, wo wir im Gespräch auf Stellen stoßen, an denen wir merken, daß wir unzureichend sachkundig sind, dies zum Anlaß nehmen wollen, uns besser zu informieren. Man kann das auch so ausdrücken: ich unterstelle, daß wir beide wenigstens den Willen zur Rationalität haben.

Auf Rudolfs Forderung, die Rede von der Friedensbewegung so zu präzisieren, daß man sich mit wohldefinierten Positionen auseinandersetzen kann, will ich jetzt in zwei Stufen antworten. Der kleinste gemeinsame Nenner der europäischen Friedensbewegung besteht in der Ablehnung der sogenannten Nachrüstung. Damit ist der entscheidende Punkt der aktuellen Auseinandersetzung bezeichnet. Aber weder Rudolf noch ich sind willens, das Gespräch auf diesen doch etwas vordergründigen Aspekt einzuschränken. Würden wir uns auf diese enge Definition beschränken, ließe sich auch die Gemeinsamkeit der Friedensbewegungen auf den verschiedenen Kontinenten nicht verstehen – in Europa, Nordamerika, Japan, Australien.

Worin besteht diese Gemeinsamkeit? Man kann sie, meine ich, in zwei empirischen Annahmen und einer Zielsetzung zum Ausdruck bringen. Die beiden empirischen Annahmen lauten: 1. Der Atomkrieg ist wahrscheinlich, 2. seine Wahrscheinlichkeit nimmt zu. Die Zielsetzung lautet: Der Atomkrieg muß unbedingt verhindert werden. Dabei liegt die Betonung auf dem Wort »unbedingt«. Hingegen ist die unbedingte Verhinderung von Krieg überhaupt (ich betone: die unbedingte) zwar auch eine in den Friedensbewegungen verbreitete Zielsetzung, aber kein Konsens. Ich will also als wesentliches Definiens der Friedensbewegung festhalten, daß sie zwar nicht durchgängig unbedingt pazifistisch ist, wohl aber durchgängig und unbedingt nuklearpazifistisch. Es ist wichtig, die Wertungen, die in dieser Zielsetzung impliziert sind, sich klar vor Augen zu stellen. Erstens, aller Krieg ist ein Übel, das ist heute (es war nicht immer so) eine von allen, innerhalb und außerhalb der Friedensbewegung, geteilte Wertannahme, aber der Atomkrieg ist in den Augen der Friedensbewegung ein mit sonstigem Krieg unvergleichliches Übel, weil er das äußerste Übel ist, da er das Ende der Gattung und des Lebens überhaupt bedeuten kann. Zweitens, weil der Atomkrieg das äußerste Übel ist, ist er auch mit allen anderen negativen Werten unvergleichbar.

Jetzt kann ich Rudolf auch verständlich machen, warum die Friedensbewegung ihren Namen zu Recht trägt und dies gleichwohl nicht impliziert, daß denjenigen, die nicht zur Friedensbewegung gehören, der Wille zum Frieden abgestritten wird. Natürlich wollen auch die Gegner der Friedensbewegung den Atomkrieg wenn irgend möglich vermeiden, aber genau hier liegt eben der Unterschied: Sie wollen ihn *wenn ir-*

gend möglich vermeiden, nicht *unbedingt*. Und darin ist eine andere Wertskala impliziert. Den Atomkrieg wenn irgend möglich vermeiden wollen, heißt, ihn vermeiden wollen, es sei denn, man kann ohne ihn ein anderes, ebenso großes oder noch größeres Übel nicht vermeiden, z. B. die Unfreiheit. Für die Gegner der Friedensbewegung ist also der Frieden ein hoher Wert, aber nicht der höchste: Entweder es gibt einen anderen, noch höheren Wert (ich erinnere an Alexander Haigs Ausspruch »Es gibt Wichtigeres als den Frieden«), oder man sagt, wie man es von bundesrepublikanischen Politikern hört, daß die zwei Werte Frieden und Freiheit gleichrangig sind. Damit ist jetzt klar, inwiefern die Friedensbewegung diese Bezeichnung zu Recht trägt: Sie vertritt die Auffassung, daß dem Frieden, genauer gesagt: der Vermeidung eines atomaren Kriegs die höchste Priorität zukommt.

Ich kann mich jetzt auch mit Rudolf leicht über die Gliederung unseres Gesprächs einigen: Im ersten Teil wird das Nahziel der Friedensbewegung zur Diskussion stehen: die Ablehnung der Nachrüstung, im zweiten Teil die grundsätzliche Position des Nuklearpazifismus. Zwischen beiden Fragen besteht kein logischer Zusammenhang: Es wäre im Prinzip denkbar (obwohl es aus guten Gründen empirisch nicht vorkommt), daß ein Nuklearpazifist die Nachrüstung bejaht, wenn er nämlich der Meinung wäre, daß die Nachrüstung den Ausbruch des Atomkrieges unwahrscheinlicher macht; und allemal ist natürlich die umgekehrte Kombination möglich (und empirisch sogar sehr verbreitet), daß jemand den Nuklearpazifismus ablehnt und gleichwohl gegen die Nachrüstung ist.

Solange ich mit Rudolf über die Nachrüstung diskutiere, kann ich deswegen die Frage der letzten Wertsetzungen weitgehend offenlassen und unterstellen, daß es uns beiden um dasselbe Ziel geht, nämlich die Wahrscheinlichkeit eines Atomkriegs zu vermindern. Allerdings ist Rudolf der zusätzliche Gesichtspunkt besonders wichtig, daß wir auch unsere politische Erpreßbarkeit verhindern müssen. So oder so ist die Frage der Rationalität, mit der wir es in diesem ersten Teil zu tun haben werden, weitgehend jene einfachste Form von Rationalität, die die Frage betrifft, welches die geeignetsten Mittel sind, um einen vorgegebenen Zweck zu erreichen. Im zweiten Teil werden wir es dann mit anderen Aspekten von Rationalität zu tun haben. Erstens mit Einschätzungsfragen, die auch schon in den ersten Teil hereinspielen werden, also z. B. die Frage, ob es rational – und das heißt jetzt: realitätsadäquat – ist, die Wahrscheinlichkeit eines Atomkriegs für ziemlich hoch oder für ziemlich gering zu halten. Diese Einschätzungsfragen sind zum Teil nicht objektiv entscheidbar. Hier besteht dann Rationalität darin, sich wechselseitig über den Stellenwert dieses subjektiven Faktors und seine Tragweite klar zu werden. Zweitens werden wir uns über unsere letzten Wertsetzungen verständigen müssen. Hier kann intersubjektive Rationalität nicht darin bestehen, die eine Wertsetzung als rationaler als die andere zu erweisen – eine Wertsetzung ist nicht an und für sich rational –, sondern nur darin, daß wir uns wechselseitig helfen, die eigene Wertsetzung und ihre Implikationen nicht im Halbdunkel zu belassen.

Also zunächst zur Nachrüstung. Ich will annehmen, daß Rudolf seine positive Einstellung zur Nachrüstung ungefähr so begründet: »Die Russen«, sagt er, »haben die Zeit der politischen Entspannung dazu genützt, ihre Rüstung sowohl im konventionellen wie im atomaren und hier insbesondere im Mittelstreckenraketenbereich enorm zu erhöhen. Außerdem ist ihre expansionistische Tendenz bekannt, sowohl aufgrund ihrer Ideologie wie aus jüngster historischer Erfahrung, siehe Afghanistan. Da mir aber Deine und Deinesgleichen Naivität und Verharmlosungstendenz bezüglich der Gefahr, die aus dem Osten droht, bekannt ist, verzichte ich auf nähere Ausführungen zu diesem Punkt, weil ich Dich in wenigen Minuten ohnehin nicht überzeugen könnte. Glücklicherweise können wir bei unserer Frage von Hypothesen über die Absichten der sowjetischen Führung ganz absehen. Die bloße Tatsache des Ungleichgewichts der Waffen reicht aus. Ich zitiere aus Kissingers Rede vom 1. September 1979 in Brüssel: ›Ich bin nicht einmal der Meinung, daß die derzeitigen sowjetischen Führer besonders abenteuerlustig wären.‹ Aber: ›Noch nie in der Geschichte ist es vorgekommen, daß eine Nation Überlegenheit in allen wesentlichen Waffenkategorien erlangt und nicht auch versucht hat, daraus irgendwann irgendeinen außenpolitischen Gewinn zu erzielen.‹[1] Ich bin bereit zuzugestehen, daß Kissinger übertreibt, wenn er von ›allen wesentlichen Waffenkategorien‹ spricht, aber für erwiesen halte ich die sowjetische Überlegenheit bei den konventionellen Waffen und bei den landgestützten Mittelstreckenraketen. Wegen der russischen Überlegenheit bei den konventionellen Waffen können wir es uns nicht leisten, von der Doktrin der flexiblen atomaren Abschreckung abzugehen. Und die sowjetische Überlegenheit bei den Mittelstreckenraketen hat in der flexiblen Abschreckungsstrategie ein ›Fenster der Verwundbarkeit‹ geöffnet. Es besteht die Gefahr der Abkopplung zwischen Europa und den USA, zwischen der Abschreckung durch die Kurzstreckenraketen und der durch die Interkontinentalraketen. Es ist also nur rational – und das Gegenteil wäre irrational – zu wünschen, daß die USA ihrerseits Mittelstreckenraketen aufstellen, wenn die Sowjetunion die ihren nicht abbaut. Genau das ist ja der Sinn des NATO-Doppelbeschlusses vom 12. Dezember 1979.«

»Schön, Rudolf. Was Deinen ersten Punkt betrifft, meine Naivität: Ich halte die sowjetischen Führer nicht für gute Menschen, ich traue ihnen jede Skrupellosigkeit in der Durchsetzung ihrer Absichten zu. Aber mir erscheint, wie Du schon vermutet hast, Deine Einschätzung ihrer Absichten ganz unrealistisch. Ich würde Dir die Lektüre des Buches *Im Schatten der Atombombe* von George Kennan empfehlen, der immerhin der Vater der amerikanischen Eindämmungspolitik ist. In seinem dort abgedruckten Exposé von 1978 über ›Ziele sowjetischer Strategie‹ gibt er sehr präzise die Kriterien an, die nach seiner Meinung für militärische Interventionen von seiten der sowjetischen Führer gelten, soweit man das aus ihrem Verhalten und aus ihrer Ideologie entnehmen kann. Gewiß, auch das ist nur eine wenn auch empirisch fundierte Mei-

1 Kissingers Rede ist abgedruckt in: A Mechtersheimer/P. Bahrdt (Hg.), *Den Atomkrieg führbar und gewinnbar machen?*, Reinbek 1983, S. 48 ff.

nung, und Du kannst geltend machen, daß die entgegengesetzten Meinungen einen ebensolchen Anspruch auf empirische Fundierung erheben. Hier bleibt uns also als rationales intersubjektives Verhalten nur die Bereitschaft, uns beide sachkundiger zu machen und im übrigen anzuerkennen, daß es hier verschiedene Einschätzungen gibt. Wir werden immer solche Einschätzungsfragen präzise einzugrenzen und festzustellen haben, welcher Stellenwert ihnen für die weitere Argumentation zukommt. Im konkreten Fall stimme ich mit Dir überein, daß unsere unterschiedlichen Einschätzungen der sowjetischen militärpolitischen Absichten für unser jetziges Problem – die Nachrüstung – zwar einen emotionalen, demagogisch verwertbaren, aber keinen rationalen Stellenwert haben. Ich will noch einen Schritt weiter gehen. Ich will für den ganzen Verlauf unserer heutigen Argumentation Deine von mir für unwahrscheinlich gehaltene Einschätzung hypothetisch übernehmen.

Es gibt nun einen zweiten Komplex empirischer Ungewißheit, den wir vielleicht ähnlich behandeln können. Ich meine die Frage nach dem Ausmaß des Ungleichgewichts bei den Mittelstreckenraketen. Nach den Schätzungen des Stockholmer Friedensforschungsinstituts (SIPRI) handelt es sich um ein Verhältnis von 2:1 zugunsten der Sowjetunion. Du weißt, daß es viele andere Schätzungen gibt, die von dieser in beiden Richtungen abweichen, wobei die Differenzen zu einem großen Teil in der Unsicherheit des Begriffs Mittelstreckenraketen gründen: Werden auch die französischen und britischen Mittelstreckenraketen gezählt, und wenn ja, nur die jetzt vorhandenen oder auch die geplanten? Werden auch die sogenannten ›forward based systems‹ der Amerikaner gezählt? Werden auch die seegestützten Systeme gezählt, und wenn ja, welche, usw. Über diese Fragen streiten sich sowohl die Experten wie die Abrüstungsdelegationen. Müssen auch wir uns über sie streiten? Aus Deiner Perspektive müßten wir es wohl, denn Du bist der Meinung, daß der Gesichtspunkt des Gleichgewichts auf jeder Ebene wesentlich ist. Da ich aber diesen Gesichtspunkt des Gleichgewichts nicht für wesentlich halte, fällt es mir leicht, Dir auch in dieser zweiten Einschätzungsfrage entgegenzukommen. Setze also das numerische Ungleichgewicht so ungünstig für den Westen an, wie Du magst; ich bin bereit, diese Voraussetzung hypothetisch zu übernehmen.

Und nun kann ich mich auf den Punkt konzentrieren, der keine Einschätzungsfrage ist, sondern das Prinzip betrifft, das Du wie selbstverständlich unterstellst, eben das des Gleichgewichts. An dieser Stelle muß ich aus der Rolle fallen und ein böses Wort verwenden. Ich halte dieses Gleichgewichtsargument, das die gesamte Argumentation der Nachrüstungsbefürworter beherrscht, für demagogisch, und zwar deswegen, weil es an der Oberfläche einen so großen Anschein an Plausibilität und also Rationalität hat und erst, wenn man genauer nachsieht, sich als irrelevant erweist. Der Anschein der Plausibilität ergibt sich daraus, daß diese Kategorie des numerischen Gleichgewichts in der Tat für alle herkömmlichen Formen von Waffen und Kriegen relevant war. Auf den sprichwörtlichen Mann auf der Straße, der sich auf die Sache nicht genauer einläßt, muß daher das Argument, daß ein Ungleichgewicht besteht, eine tiefen Eindruck machen. Die Russen haben landgestützte Mittelstreckenraketen, wir haben keine, also werden wir uns gegen sie gewiß nur so schützen können, daß wir auch welche aufstellen.

Ist das denn aber der Fall? Wie sieht denn die Situation aus, wenn man sich genauer auf sie einläßt? Die Funktion der Atomraketen ist, daß sie der Abschreckung dienen sollen, d. h., man droht dem Gegner mit einem für ihn unakzeptablen Schaden. Dafür ist aber kein Gleichgewicht erforderlich. Ein einziges amerikanisches Poseidon-U-Boot mit seinen 140 Atomsprengköpfen wäre zur Abschreckung gegen einen Angriff der SS-20 ausreichend.«

»Und die Ankoppelung an die USA?« wirft Rudolf ein.

»Wenn die USA diese Ankoppelung wünschen, können sie sie mit dem einen U-Boot herstellen, und wenn sie sie nicht wünschen, werden sie sie auch durch landgestützte Raketen nicht herstellen.«

»Angenommen, Du hättest damit recht«, sagt Rudolf, »daß das Gleichgewicht irrelevant ist, dann würde doch bestenfalls folgen, daß die Herstellung des Gleichgewichts durch die Nachrüstung nicht notwendig ist, aber sie wäre immerhin optisch besser, und vor allem ist ihre Androhung wichtig, um die Sowjets zu einer Reduktion der SS-20 zu veranlassen; und aus Deiner eigenen Argumentation würde folgen, daß sie doch auch nichts schaden könnte. Warum wehrt Ihr Euch dann so furchtbar gegen sie?«

»Weil«, so antworte ich, »durch die vorgesehenen neuen Raketen ein anderes und das für das atomare Zeitalter einzig entscheidende Prinzip verletzt wird, das Prinzip der relativen Stabilität. Das entscheidende Argument gegen die Nachrüstung lautet, daß sie sich zusätzlich destabilisierend auswirken muß, d. h. daß sie die Gefahr des Ausbruchs der atomaren Katastrophe in hohem Maße vergrößert. Die Begründung kennst Du doch: Sowohl die Pershing II wie die Cruise-Missile haben eine bisher von keiner Rakete erreichte Treffgenauigkeit, und sie eignen sich beide zu einem Überraschungsangriff, die eine wegen ihrer extrem kurzen Flugzeit, die andere wegen ihrer Fähigkeit, von Radar unerkannt zu fliegen. Zwar haben auch die SS-20 eine ziemlich weitgehende, wenngleich wesentlich geringere Treffgenauigkeit, aber der entscheidende Unterschied ist, daß die neuen amerikanischen Raketen einen Teil des sowjetischen Kernlandes bedrohen werden, während es keine entsprechende sowjetische Bedrohung der USA gibt. In diesem Zusammenhang ist häufig zu Recht an die Kubakrise erinnert worden. Der Versuch der Sowjetunion, ein Mittelstreckenpotential unmittelbar vor den USA aufzubauen, ist damals von Kennedy als so bedrohlich empfunden worden, daß er der Sowjetunion ein Ultimatum stellte, mit dem er den Atomkrieg riskierte.

Außerdem muß die Stationierung dieser Raketen auch im Lichte von zwei neuen amerikanischen Strategiekonzeptionen gesehen werden, von denen die erste so entscheidend ist, daß sie geradezu zum Auslöser der Friedensbewegung wurde. Sie betrifft die aus dem letzten Regierungsjahr von Carter stammenden Pläne, wie man einen nuklearen Krieg durch selektive Schläge begrenzt führbar und gewinnbar machen kann. Die neuen Raketen sind Raketen, die für solche selektiven gezielten Schläge geeignet sind. Diese Pläne müssen noch bedrohlicher erscheinen, wenn sie sich mit dem Konzept der sogenannten horizontalen Eskalation verbinden, d. h. mit der ebenfalls schon von Carter in der Iran- und Afghanistan-Krise verkündeten Doktrin, daß bei einer Konfrontation mit der Sowjetunion in Bereichen außerhalb Europas, die die USA als lebenswichtig definieren, Gegenschläge auch in Europa erwogen werden würden. Wenn Du also von der möglichen atomaren Erpreßbarkeit Europas sprichst, mußt Du schon auch die mögliche atomare Erpreßbarkeit der Sowjetunion mitberücksichtigen. Und nun sag bitte nicht: Was gehen mich die Sorgen der Russen an? Wenn die Russen sich übermäßig bedroht fühlen, muß sich daraus im Reflex eine übermäßige Bedrohung für uns ergeben. Wir werden jetzt bei jeder größeren internationalen Krise damit rechnen müssen, daß jede Seite einen Präventivschlag der anderen befürchten und gegebenenfalls versuchen wird, ihr zuvorzukommen. Hinzu kommt die durch die kurzen Flugzeiten erhöhte Gefahr einer Auslösung des atomaren Kriegs durch Computerfehler.

Die zweite neue Strategie, in die sich die neuen Raketen einfügen, ist der sogenannte Rogers-Plan, an dem auch unser Verteidigungsminister Wörner beteiligt ist. Er ist im allgemeinen weniger bekannt, aber Du kennst natürlich aus der *FAZ* die ausführlichen Darstellungen dieses Plans durch Adelbert Weinstein.[2] Die neue Strategie, die zum Teil offenbar inzwischen unter dem Titel ›airland battle‹ bereits in das ›field manual‹ der amerikanischen Armee eingegangen ist, besteht darin, sofort beim Ausbruch von Feindseligkeiten die Reserven der Sowjetarmee und das ganze militärische System des Hinterlandes zu zerstören – 2685 feste und bewegliche Ziele, wie Weinstein berichtet. Ermöglicht wird dieses neue Vorgehen durch die modernen Präzisionswaffen, die aber sollen transportiert werden (ich zitiere nur Deinen Gewährsmann Weinstein) durch Pershing-II-Raketen und Cruise-Missiles, angeblich mit nichtnuklearen Sprengköpfen (wie

2 Vgl. die *Frankfurter Allgemeine Zeitung* vom 12. 11. (S. 7) und 30. 11. 1982 (S. 12).

sollen aber die Sowjets wissen, was für Sprengköpfe die anfliegenden Raketen enthalten?). Es heißt, dieser Plan soll es ermöglichen, die Atomschwelle anzuheben, faktisch ist aber damit die Grenze nicht nur zwischen defensiver und offensiver Kriegführung, sondern auch zwischen konventionellem und nuklearem Krieg von vornherein aufgehoben, da erstens die Beschränkung auf konventionelle Sprengköpfe wohl kaum gewährleistet ist und da zweitens die Sowjetunion ja nun ihrerseits versuchen würde, diese Raketen und Flugkörper sofort zu vernichten, gegebenenfalls atomar.

Ich komme also zu dem Ergebnis – und ich sehe nicht, wie man das bestreiten kann –, daß die Stationierung der Pershing II und der Cruise-Missiles sich in mehrfacher Hinsicht extrem destabilisierend auswirken würde.«

»Zugestanden«, sagt Rudolf, »daß Du recht hast, daß der Begriff der Destabilisierung der hier entscheidende ist, willst Du denn behaupten, daß die laufende Stationierung der SS-20 sich nicht destabilisierend auswirkt?«

»Politisch sicher, militärisch ist es umstritten. Da wir aber hier nicht in die Details einsteigen können, will ich Deine Frage schlicht mit Ja beantworten, obwohl ich aufgrund des eben Ausgeführten das Ausmaß der durch die SS-20 erzeugten Destabilisierung allemal für wesentlich geringer halte als das Ausmaß an Destabilisierung, das die neuen amerikanischen Raketen erzeugen würden. Aber wie immer: was willst Du denn mit dem jetzigen Argument sagen? Willst Du sagen, wenn die Sowjets eine sich destabilisierend auswirkende Maßnahme vollziehen, haben die Amerikaner ein Recht, dasselbe zu tun? Aber ist denn hier von Rechten die Rede? Schleichen sich hier nicht wieder unsachgemäße und insofern nichtrationale Gleichgewichtsvorstellungen herein, diesmal sogar aus dem Rechtsbereich? Im Bereich des Rechts mag es der Fall sein, daß wenn einer etwas gegen einen zweiten tut und der zweite daraufhin etwas Entsprechendes gegen den ersten, ein Ausgleich eintritt. Aber Destabilisierung der einen Seite plus Destabilisierung der zweiten Seite führt nicht zu Null, zur Stabilisierung, sondern zu potenzierter Destabilisierung.

Ich glaube, wir sind jetzt so weit, daß wir uns ganz auf die einzig relevante Frage konzentrieren können: Ist die Nachrüstung rational in dem Sinn, daß sie ein geeignetes Mittel ist, unsere Sicherheit und Nichterpreßbarkeit zu erhöhen? Das wäre nur dann der Fall, wenn diese neuen Raketen dazu geeignet wären, die Sowjetunion von einem Angriff mit ihren SS-20 abzuschrecken. Dazu sind sie aber nicht geeignet, weil diese landgestützten amerikanischen Raketen im Gegensatz z. B. zu U-Boot-gestützten Raketen durch einen Angriff der SS-20 vernichtet würden, ehe sie zurückschlagen könnten. Die von der Nachrüstung vorgesehenen Raketen sind als Zweitschlagswaffen untauglich, sie sind nur denkbar als Erstverwendungswaffen. Daraus folgt, daß sie nicht nur ungeeignet sind, einen Angriff der SS-20 zu verhindern, sondern geradezu geeignet, die Wahrscheinlichkeit eines solchen Angriffs zu erhöhen. Diese Raketen sind, wie das ausgedrückt worden ist, Magneten. Sie können daher nur zur Zerstörung Europas führen, nicht zu seiner Verteidigung, nicht zu einer Abschreckung eines Angriffs, sondern nur dazu, einen solchen zu provozieren. Das heißt doch nun aber: nicht weil wir die SS-20 nicht für bedrohlich halten, sondern weil und wenn wir sie für bedrohlich halten, ist es irrational, die vorgesehenen neuen Raketen zu stationieren.«

»Es bleibt mir gleichwohl noch ein gewichtiger Einwand«, sagt Rudolf. »Siehst Du denn nicht, daß die Friedensbewegung Moskau in die Hände arbeitet? Und daß Ihr damit den Amerikanern bei den Genfer Verhandlungen in den Rücken fallt? Wenn die Sowjets nicht mit der Nachrüstung rechnen müßten, hätten sie sich nicht an den Verhandlungstisch gesetzt und nicht einmal die wenigen Konzessionen gemacht, die sie gemacht haben.«

»Daß das Nahziel der Friedensbewegung mit den Interessen Moskaus übereinstimmt, ist richtig, Rudolf, aber wieso ist das ein Argument? Es wäre ein Argument nur dann, wenn alles, was Moskau nützt, dem Westen schadet und umgekehrt. Aber dieses Argument ist nur beschränkt anwendbar. Wenn das von der einen Seite zu befürchtende Übel die erhöhte Wahrscheinlichkeit des Atomkriegs ist, ist dieses Übel dasselbe, das auch von der anderen Seite zu befürchten ist. Auch dieses Argument ist also, ähnlich wie das Gleichgewichtsargument, unsachgemäß und daher irrational und gleichwohl ebenso demagogisch stark, weil auch dieses Argument eine so große vordergründige Plausibilität besitzt.

Zu Deinem anderen Punkt – Verhandlungsbereitschaft und Konzessionen der Sowjetunion – möchte ich sagen: Du siehst selbst, daß bei der jetzigen Verhandlungsbasis der Amerikaner zwar einige, aber doch nur wenige Konzessionen der Sowjetunion zu erhalten sind. Ich stimme mit Dir überein, daß die Sowjets nicht freiwillig Konzessionen machen. Aber ich hätte mir eine ganz anders geartete Verhandlungsposition der Amerikaner gewünscht, die auf Verringerung, nicht auf Steigerung der gegenseitigen Bedrohung ausgerichtet wäre.«

»Du weichst aus«, wirft Rudolf ein. »Der Verhandlungsrahmen ist nun einmal vorgegeben, und da trägt doch die Friedensbewegung zu einer Schwächung der amerikanischen Position bei, ja oder nein?«

»Ja«, gebe ich zu. »Aber man kann nun einmal nicht beides haben, wir stehen hier vor einer Güterabwägung. Natürlich freue ich mich über jede Reduktion der SS-20, die die Amerikaner aus den Russen herauspressen, aber vor die häßliche Wahl gestellt, die Drohung mit der Nachrüstung und dann also auch deren wahrscheinliche Realisierung zu bejahen oder uns notfalls mit der unverminderten Zahl der SS-20 abzufinden, wäre es irrational, nicht das geringere Übel zu wählen.«

»Laß uns noch einmal einen Blick zurückwerfen«, sagt Rudolf. »Deine Argumentation ist vielleicht triftig, wenn man, wie Du es tust, unterstellt, daß die Wahrscheinlichkeit eines Ausbruchs des Atomkriegs relativ hoch ist. Wenn man diese Wahrscheinlichkeit jedoch für extrem gering hält, bleibt dann nicht auch die von Dir für den Fall der Nachrüstung nachgewiesene Erhöhung dieser Wahrscheinlichkeit immer noch gering? In diesem Fall gewinnen aber die von Dir als völlig sekundär angesehenen Pluspunkte der anderen Seite größeres Gewicht: erstens, daß wir bei einem Ja zur Nachrüstung keine Krise im Bündnis riskieren, zweitens, daß wir Konzessionen von der Sowjetunion erreichen, drittens, daß sich die NATO nicht durch Nachgeben bei den Verhandlungen eine politische Blöße gibt, und viertens, daß wir weniger erpreßbar sein würden. So schreibt z. B. Alois Mertes in einem Artikel im *Europa-Archiv* dieses Jahres, daß die Gefahr eines Krieges als ›äußerst gering anzusehen ist‹ und die eigentliche Gefahr vielmehr in der ›schleichenden Unterwerfung‹ unter die sowjetische Erpressung liegt und deswegen die Nachrüstung rational geboten ist.[3] Kannst Du die Rationalität dieser Position bestreiten?«

»Nun, Rudolf, es fällt mir immer noch schwer, mir eine Situation vorzustellen, die so definiert wäre, daß die Russen uns eher atomar unter Druck setzen könnten, wenn wir die neuen Raketen nicht haben, als wenn wir sie haben, wobei Du Dir noch einmal vor Augen führen mußt, daß sie keine Zweitschlagswaffen, also keine Drohverhinderungswaffen sind, aber es mag sein, daß ich da etwas übersehe. In diesem Fall wäre also eine Position wie die von Mertes rational, d. h., es wäre rational, die Nachrüstung zu befürworten, *wenn* man erstens glaubt, die tatsächliche Gefahr eines Kriegsausbruchs praktisch ausschließen zu können, und *wenn* man sich ausschließlich auf die Bedrohung aus dem Osten konzentriert und die Bedrohungswahrnehmungen der Sowjetunion außer acht läßt. Das ist also die mögliche Rationalität der Nachrüstung, aber das ist eben eine immanente Rationalität, die wesentliche Apekte der Situation ausblendet und deswegen im ganzen irrational ist.«

Doch hat Rudolf hier gewiß seinen Finger auf einen wesentlichen Punkt gelegt. Mertes ist kein Einzelfall. Soweit ich sehe, ist es ziemlich allgemein für die Befürworter der Nachrüstung charakteristisch, daß sie die Wahrscheinlichkeit eines Krieges für sehr gering halten, während die Gegner der Nachrüstung sie für hoch halten. Von dieser Einschätzungsfrage scheint ziemlich viel abzuhängen.

3 A. Mertes, »Friedenserhaltung – Friedensgestaltung«, in: *Europa-Archiv*, Jg. 38 (1983), S. 187 ff.

Damit komme ich zum zweiten Teil unserer Auseinandersetzung, der die grundsätzliche Position der Friedensbewegung betrifft, ihr Insistieren auf einem Nuklearpazifismus. Dieser Forderung liegen zwei Prämissen zugrunde: 1. ein Atomkrieg ist das größte denkbare Übel, 2. der Atomkrieg ist unter gegenwärtigen Bedingungen wahrscheinlich und wird wahrscheinlicher. Die erste Prämisse sollte eigentlich unkontrovers sein. Wie steht es mit der zweiten?

»Ich fürchte, Rudolf, daß eine Position wie die von Mertes nicht konsistent ist. Man kann nicht, wie er es tut, erstens die Drohung mit dem Atomkrieg für politisch essentiell halten und zweitens meinen, daß die Wahrscheinlichkeit der Realisierung dieser Drohung nahe an Null liegt, denn dann wäre die Drohung nicht glaubhaft. Die Begründung, die Mertes für das niedrige Risiko gibt, ist verblüffend blauäugig. Er schreibt: ›angesichts der Überlebensinteressen der Großmächte‹. Wissen wir denn nicht, daß das eigentliche Problem, von Computerfehlern einmal abgesehen, darin liegt, daß sich die Beteiligten wider Willen durch Drohungen in eine ausweglose Situation manövrieren können, in der ihnen das Geschehen aus der Hand gleitet? Das liegt nicht an menschlicher Schwäche, sondern gehört einfach zum Sinn einer Drohung. Bei der Kubakrise hat Chruschtschow nachgegeben, weil die Sowjets in der Atomrüstung noch extrem unterlegen waren, aber es scheint inzwischen festzustehen, daß er deswegen gestürzt ist. Was wird das nächste Mal passieren? Wenn der Bedrohte nicht nachgibt, steht der Bedrohende unter Handlungszwang, oder seine Drohung wird künftig nicht mehr ernst genommen. Und wenn es das nächste Mal noch einmal gutgehen sollte, was wird beim übernächsten Mal passieren?

Weizsäcker schreibt in seinem Buch *Wege in der Gefahr*: ›Der dritte Weltkrieg ist wahrscheinlich‹[4], und im 8. Kapitel führt er das mathematisch in einer Form aus, die von Afheldt wie folgt zusammengefaßt wird: ›Soll die Abschreckung über lange Zeit glaubwürdig bleiben, muß die Wahrscheinlichkeit des Einsatzes der Waffen über lange Zeit größer als Null sein.

4 C. F. v. Weizsäcker, *Wege in der Gefahr*, München 1976, S. 110.

Ist diese Wahrscheinlichkeit aber konstant größer als Null, so wird sie über sehr lange Zeiträume gleich 1, der Krieg also sicher.‹[5]«

Rudolf wirft ein, das sei eben eine Überlegung »über lange Zeiträume«.

»Gewiß, über kurze Zeiträume läßt sich da nichts mathematisch Präzises angeben. Sicher aber scheint, daß die Wahrscheinlichkeit, wie immer wir sie für einen kurzen Zeitraum ansetzen, zur Zeit rapide zunimmt, selbst wenn die Nachrüstung ausbleiben sollte. Das liegt vor allem an den bei beiden Supermächten vorhandenen Ideen über die Führbarkeit eines begrenzten Atomkrieges. Die global gesehen noch größere Gefahr als die Nachrüstung besteht in den amerikanischen Plänen für ein Totrüsten der Sowjetunion, insbesondere für eine enorme Aufrüstung durch U-Boot-gestützte punktgenaue Cruise-Missiles, der die Sowjetunion vorerst nichts Äquivalentes entgegenzusetzen hat. Hier ließe sich das Zitat von Kissinger, das Du anfangs angeführt hast, in umgekehrter Richtung mit Bezug auf die jetzt vorgesehene konventionelle und atomare Überrüstung der Amerikaner anwenden. Auf sowjetischer Seite kann das zu einer Kurzschlußreaktion führen.«

Ich will das nicht weiter ausführen. Es ist klar, daß die Frage, wie wahrscheinlich die Atomkatastrophe ist, subjektiv ist; nur die Annahme, daß sie nahe an Null ist, ist unrealistisch und insofern irrational. Nun besteht rationales Handeln darin, daß es angesichts der in der Handlungssituation gegebenen verschiedenen Alternativen zwei Parameter berücksichtigt: erstens die Wahrscheinlichkeit und zweitens den Wert bzw. Unwert der Alternativen. Der Unwert des Ereignisses, mit dem wir es hier zu tun haben, ist aber der denkbar höchste. Wieder ist es nicht möglich, das Produkt dieser beiden Meinungen, der Meinung über die Wahrscheinlichkeit und der Meinung über den Unwert des Ereignisses, auf eine objektive mathematische Formel zu bringen. Auch hier spielen natürlich subjektive Faktoren eine Rolle. Verschiedene

5 H. Afheldt, *Verteidigung und Frieden,* München 1976, S. 22.

Personen sind verschieden risikofreudig. Manche tun alles, um ein verhältnismäßig unwahrscheinliches, aber besonders furchtbares Ereignis zu verhüten, und sind relativ unbesorgt angesichts verhältnismäßig wahrscheinlicher, aber weniger schlimmer Ereignisse, andere verhalten sich umgekehrt. Aber wie immer sich die Individuen psychologisch unterscheiden mögen, bei gleicher Wahrscheinlichkeit muß die Angst bei zunehmender Furchtbarkeit des Ereignisses wachsen, ›muß‹, *wenn* das Subjekt rational ist. Häufig wird der Friedensbewegung vorgeworfen (natürlich nicht von Rudolf, der dafür zu klug ist), daß sie irrational sei, weil sie von Angst bestimmt ist. Man begeht hier den Fehler, anzunehmen, daß Affekte irrational sind. Aber Affekte sind nur dann irrational, wenn sie nicht realitätsgerecht sind, aber genauso irrational ist die Affektlosigkeit, wenn sie nicht realitätsgerecht ist. Angesichts einer wahrscheinlichen und ungeheuren Gefahr ist nicht die Angst, sondern die Angstfreiheit irrational.

Nun ist rationales Handeln ein Wählen zwischen bestehenden Alternativen. Wir werden also prüfen müssen, wie die Alternative aussieht, ob das Produkt von Wahrscheinlichkeit und Unwert der Alternative größer oder kleiner ist als die Gefahr, die wir mit dem Atomkrieg riskieren, also dem Ereignis, dessen Unwert der denkbar höchste ist und dessen Wahrscheinlichkeit irgendwo zwischen 0 und 1 liegt. Wegen der genannten subjektiven Faktoren kann diese Frage – das wissen wir jetzt von vornherein – keine eindeutige Antwort finden. Hier gehört die Einsicht in die Subjektivität der Faktoren, in die nicht eindeutige Entscheidbarkeit mit zur Rationalität. Es wäre aber wiederum irrational, wegen dieser subjektiven Faktoren die Rechnung gar nicht erst aufzumachen.

»Zunächst ist zu klären, worin die Alternative überhaupt besteht. Sie besteht in dem Verzicht des Westens auf atomare Abschreckung, d. h. auf Abschreckung gegenüber einem konventionellen Angriff, anders formuliert: in einem Verzicht auf den Ersteinsatz von Atomwaffen, wobei dieser Verzicht, um glaubhaft zu wirken, natürlich nicht nur in einer Erklärung bestehen dürfte, sondern in einer entsprechenden Veränderung des militärischen Aufbaus, insbesondere also in einem

Abbau sämtlicher Kurzstreckenatomraketen. Das ist der aufsehenerregende Vorschlag, den die vier bedeutenden amerikanischen Politiker McGeorge Bundy, George Kennan, Robert McNamara und Gerard Smith im Jahre 1982 in einem Aufsatz gemacht haben, der gleichzeitig in *Foreign Affairs* und im *Europa-Archiv* erschien.[6] Dieser Vorschlag kann natürlich eine wirkliche Alternative nur bedeuten, wenn der Osten dasselbe tut. Den verbalen Verzicht auf Ersteinsatz hat aber die Sowjetunion bereits ausgesprochen, und die Bereitschaft zu einer Vernichtung sämtlicher Kurz- und Mittelstreckenraketen hat Andropow am 27. August 1983 in einem *Prawda*-Interview erneut angeboten, und man könnte ihn also beim Wort nehmen. Schließlich hat die Drohung, auf einen konventionellen Angriff mit einem atomaren Gegenschlag zu antworten, von Anfang an und immer nur zur westlichen, nie zur östlichen Strategie gehört. Würde der Vorschlag der vier Amerikaner realisiert, so hieße das, daß beide Supermächte nur noch Interkontinentalwaffen behielten, die lediglich noch den Sinn hätten, sich gegenseitig zu neutralisieren. Damit wäre die Gefahr einer atomaren Katastrophe nicht ausgeschaltet, aber ihre Wahrscheinlichkeit drastisch reduziert, und das genügt für unsere jetzige Überlegung.«

»Gewiß«, ruft Rudolf, »aber nun wollen wir doch sehen, was wir uns damit einhandeln! Der Aufsatz der vier Amerikaner wurde in einem Artikel von vier Deutschen, nämlich Karl Kaiser, Georg Leber, Mertes und dem General Schulze in der nächsten Nummer derselben Zeitschriften beantwortet.[7] Du solltest ihn lesen, denn er ist vorzüglich, und hier wirst Du nicht die übliche Begründung für die Doktrin der atomaren Abschreckung finden, daß sie nämlich billiger sei; ich stimme Dir darin zu, daß dieses Argument, das die Drohung mit dem Massenmord mit Kostengesichtspunkten begründet, von unbegreiflicher Frivolität ist. Nein, die Begründung lautet hier so, daß wir doch auch einen konventionellen Krieg vermeiden müssen und das nur durch die atomare Abschreckung errei-

6 Vgl. *Europa-Archiv*, Jg. 37 (1982), S. 183 ff.
7 Ebd., S. 357 ff.

chen können. Es sei, so führen die Autoren aus, das unkalkulierbare Risiko, das in der Androhung der flexiblen atomaren Erwiderung liegt, das den Frieden sichert.«

»Ich vermag«, so antworte ich, »dieses Argument nicht so stark zu finden wie Du. Eine Zeitlang mag die Drohung mit der atomaren Eskalation zur Kriegsverhütung beigetragen haben, obwohl auch das nicht nachweisbar ist. Bei der heutigen technischen Entwicklung, die einen begrenzten Atomkrieg denkbar gemacht hat, scheint mir sogar die genau entgegengesetzte Argumentation plausibler, daß nämlich die Wahrscheinlichkeit eines Kriegsausbruchs mit Atomwaffen in Europa heute höher ist, als sie es ohne wäre. Aber selbst wenn wir von dieser neuesten Entwicklung absehen, wird die Doktrin der flexiblen Erwiderung heute zunehmend als eine Täuschung angesehen, weil die Selbstabschreckung genauso groß ist wie die Abschreckung des anderen. Wir haben schon vorhin gesehen, daß eine Drohung nicht längerfristig aufrechterhalten werden kann, ohne daß damit gerechnet werden muß, daß das angedrohte Ereignis auch eintritt. Ich bin also der Auffassung, daß die Drohung mit dem Atomkrieg, die wenigstens verständlich war, als die eine Seite ein Monopol dieser Waffen hatte, verständlich, wenn auch menschenverachtend, nicht mehr rational ist.

Wenn Du jedoch im Gegensatz zu mir glaubst, daß die vier deutschen Autoren doch soweit recht haben, daß der Ausbruch eines europäischen Krieges jedenfalls wahrscheinlicher wird, wenn der Westen nicht mit dem Ersteinsatz von Atomwaffen droht, dann muß sich für Dich die Frage stellen, ob Du zwischen den zwei Möglichkeiten diejenige Alternative vorziehst, deren Wahrscheinlichkeit geringer ist, die aber das äußerste denkbare Übel darstellt, oder die andere, deren Wahrscheinlichkeit nach Deiner Meinung größer ist und die zwar auch ein sehr großes, aber begrenztes Übel darstellt. Du mußt dann bei der Wahrscheinlichkeit zwischen zwei Zahlen wählen, die beide zwischen 0 und 1 liegen, beim Ausmaß des Übels aber zwischen einer endlichen Größe und einer quasi unendlichen Größe, denn bei dem Atomkrieg ist zwar die Möglichkeit gegeben, daß er begrenzt bleibt, aber ebenso die

Wahrscheinlichkeit, daß er das Ende der Gattung und das Ende des Lebens überhaupt bedeutet, also in diesem Sinn für uns eine nicht mehr endliche, begrenzte Größe darstellt.

Wenn man, wie ich, annimmt, daß die Wahrscheinlichkeit des Krieges durch den Verzicht auf Ersteinsatz von Atomwaffen sogar geringer wird, ergibt sich die Option für den Nuklearpazifismus von selbst. Er beruht dann aber auf dieser empirischen Annahme hinsichtlich der Wahrscheinlichkeiten. Für den Nuklearpazifisten charakteristisch ist es, daß er auch dann, wenn man, wie Du, annimmt, daß die Wahrscheinlichkeit des Krieges ohne Atomdrohung größer wäre, und ganz egal wieviel größer, gegen die Drohung mit dem Atomkrieg plädiert, weil er die Möglichkeit des größtdenkbaren Übels unbedingt ausschließen will.«

Diese Position, die, wie wir anfangs gesehen haben, zu der von mir vorgeschlagenen Definition der Friedensbewegung gehört, ist noch nicht angemessen dargestellt, solange die Alternative nur lautet: konventioneller Krieg. Um zu der letztlich entscheidenden Differenz zwischen Rudolf und mir vorzudringen, ist ein weiterer Schritt erforderlich. Die Notwendigkeit und die Art des konventionellen Krieges müssen ihrerseits in Frage gestellt werden. Die Option gegen jede Bereitschaft zum kriegerischen Handeln schließe ich hier aus. Das wäre die Position des radikalen Pazifismus, und auf die ist die Friedensbewegung, wie schon gesagt, nicht im ganzen festgelegt. Die Zwischenposition der Friedensbewegung zwischen Nuklearpazifismus und radikalem Pazifismus läßt sich nicht exakt bestimmen, weil es da natürlich die verschiedensten Schattierungen gibt. Ich kann also hier nur eine mögliche, meine eigene Position vertreten. Sie läßt sich in zwei Punkten zusammenfassen: 1. Den politischen Mitteln – allen nur denkbaren vertrauensbildenden Maßnahmen – wird vor den militärischen eindeutige Priorität eingeräumt; 2. es wird nicht nur nicht atomar, sondern überhaupt nicht militärisch gedroht: Der Westen schließt den Ersteinsatz von Waffen und die Möglichkeit eines offensiv geführten Krieges nicht nur wie bisher mit Worten aus, sondern durch die Art der Strategie und der Waffen, also: strikt defensive Verteidigung. Die bisher ausgearbeitetste Konzeption dieser Art findet sich in Horst Afheldts Buch *Verteidigung und Frieden* (1976). Man braucht Afheldts Konzeption nicht im einzelnen zu übernehmen; worauf es ankommt, ist, überhaupt erst einmal zu sehen, daß hier die eigentliche und zwar durchaus realistische Alternative liegt. Daß sie so weitgehend in der öffentlichen Diskussion ausgeblendet wird, ist irrational. Auch hier besteht die Irrationalität darin, daß man in veralteten Denkschemata befangen bleibt, die oberflächlich plausibel erscheinen, sich aber auf die Besonderheit der militärischen Situation, die durch die neueste Waffentechnologie bestimmt ist, gar nicht einlassen. Man begründet die Notwendigkeit von Atomwaffen und speziell Neutronenwaffen mit der großen sowjetischen Überlegenheit an Panzern; dabei scheint es geradezu ein Gemeinplatz der neuesten militärtechnischen Literatur zu sein, daß die moderne Technik der präzisionsgelenkten Munition große Panzerarmeen obsolet gemacht hat.[8]

»Laßt uns aber«, wird Rudolf jetzt sagen, »den für Dich ungünstigsten Fall ins Auge fassen, damit wir die zugrundeliegenden Wertungen klären können. Nimm also an, dieses rein defensive Konzept führt nicht zum Erfolg; nimm an, wie Du mir am Anfang zugestanden hast, der Osten hat und behält ausgesprochen aggressive Absichten gegen Westeuropa, es gibt keinen Atomschirm, die Sowjets lassen sich nicht von der konventionellen und gegebenenfalls rein defensiven Verteidigung des Westens abschrecken, und die Verteidigung bricht auch wirklich zusammen.«

»Dieses Risiko«, antworte ich, »muß ich in Kauf nehmen. Mit einem Risiko ist jede Konzeption belastet, und die Unehrlichkeit der üblichen Argumentationen besteht darin, daß sie diese Risiken nicht explizit machen. Die Frage ist, welche Risiken eher erträglich und eher zu verantworten sind.«

»Darin stimme ich Dir zu«, sagt Rudolf. Wir werden uns rasch darüber einig, daß sowohl die Friedensbewegung wie

8 Vgl. z. B. Paul F. Walker, »Wirksame Verteidigung mit intelligenten Atomwaffen«, in: *Spektrum der Wissenschaft*, 10/1981, abgedruckt in: U. Albrecht (Hrsg.), *Rüstung und Abrüstung*, Spektrum der Wissenschaft, 1983, S. 100 ff.

ihre Gegner ihre Standpunkte hinsichtlich ihrer letzten Wertsetzungen meist unklar, ohne sich letzte Rechenschaft zu geben, d. h. nicht rational darstellen. Beide sind dann unehrlich und demagogisch, wenn sie nur die positive Seite ihrer Position beschwören. Wenn Alois Mertes, stellvertretend für viele, schreibt, daß »Frieden und Freiheit ... gleichrangige ethische Höchstwerte sind«,[9] so klingt das natürlich sehr schön, ist aber logisch unhaltbar. Die Realität ist häßlicher, als es die Festredner in beiden Lagern wahrhaben wollen. Wir müssen wählen, ob wir im Konfliktfall der Vermeidung des atomaren Krieges oder der Erhaltung unseres politischen Systems den Vorrang geben wollen. Die Position von Mertes lautet, ohne Beschönigung: Um unser politisches System zu erhalten, riskieren wir den Atomkrieg (und das heißt: der Frieden ist nicht gleichrangig, sondern steht an zweiter Stelle). Und die nuklearpazifistische Position lautet, ohne Beschönigung: Wenn wir unser politisches System nur mit der Drohung, d. h. mit der Inkaufnahme des Atomkriegs erhalten können, müssen wir seinen Untergang riskieren. In beiden Fällen handelt es sich, das muß deutlich unterstrichen werden, nur um Risiken, aber gerade auf die Risiken kommt es letztlich an. Welches Risiko ist größer? Das ist hier die einzige Frage. Über den Vergleich der Wahrscheinlichkeiten kann man verschiedener Meinung sein, über den Vergleich der Übel eigentlich nicht. Oder doch?

Zwar reden viele so, als ob der Verlust unseres politischen Systems ein mit dem Atomkrieg vergleichbares Übel ist, aber ich vermag in solchen Reden nur Unernsthaftigkeit und einen merkwürdigen Mangel an Phantasie zu erkennen. Es ist auch eine falsche Unterstellung, daß die entgegengesetzte Position mit der Devise »lieber rot als tot« zu umschreiben ist. Denn das Wort »tot« ist hier unpassend. Es bezieht sich auf einzelne. Der Untergang des Ganzen ist aber etwas anderes als der Tod vieler einzelner. Auch wer bereit ist, das eigene politische System, dessen relative Vorzüge er sehr wohl kennt, mit

9 A. Mertes, »Sicherheitspolitik für die 80er Jahre«, in: D. Lutz (Hrsg.), *Sicherheitspolitik am Scheideweg?*, Schriftenreihe der Bundeszentrale für politische Bildung, Bonn 1982, S. 71 ff.

der Waffe zu verteidigen, ist gegebenenfalls nicht bereit, dafür die Existenz der Welt zu riskieren. Es war seit eh und je der Sinn der Maxime »dulce et decorum es pro patria mori«, daß es für den einzelnen, weil er sich wesentlich als Teil eines Ganzen versteht, sinnvoll ist, sich für die Erhaltung der Integrität des Ganzen zu opfern. Aber für welches Ganze opfern wir uns in einem Atomkrieg? In einem Atomkrieg opfert sich keiner mehr *für* das Ganze, sondern das Ganze würde *von uns* geopfert. Die unbedingte Absage an den Atomkrieg entstammt gerade nicht, wie ihr immer wieder fälschlich unterstellt wird, der Präokkupation um das eigene bloße Überleben. Ich habe im Gegenteil die Beobachtung gemacht, daß es in erster Linie die extrem individualistisch orientierten Personen sind, die den Atomkrieg nicht so sehr fürchten, weil für sie die Vernichtung des Ganzen lediglich eine Form des eigenen individuellen Todes ist, der nur quantitativ millionenfach vervielfältigt wäre. Für diejenigen hingegen, die sich primär aus einer sie transzendierenden Ganzheit verstehen (und für Menschen ist das eigentlich konstitutiv), besteht das qualitativ Neuartige und Einzigartige am Atomkrieg in der Vernichtung des Ganzen selbst, und zwar des universalen Ganzen, das alle partikularen Ganzheiten räumlich und zeitlich umfaßt.

Demgegenüber sind alle politischen Risiken – und es sind in meinen Augen sehr unwahrscheinliche Risiken – bis hin zu dem extremen Fall einer sowjetischen Bemächtigung ganz Europas oder der ganzen Erde, Übel von einer – wenn man sich nichts vormacht – nicht vergleichbaren Dimension. Die Drohung mit dem Atomkrieg, deren Perversität die meisten von uns über die Jahrzehnte durch schiere Gewöhnung vergessen haben, impliziert einen bei Lichte besehen geradezu phantastischen atlantischen Ethnozentrismus. Wenn wir bedenken, wie viele Länder heute ohnehin vom sowjetischen System beherrscht sind (und wir akzeptieren das), in wie vielen anderen Ländern, die im Zusammenhang unseres eigenen westlichen Systems stehen, Terror und Folter herrschen (und wir nehmen das hin, fördern es indirekt sogar), ferner in wie vielen großen Teilen der Erde Millionen Menschen jährlich Hungers sterben, was sie nicht müßten ohne unser Rüsten (und wir nehmen auch das hin), sollen wir es vorziehen, auf die bloße und bei ruhigem Blick entfernte Möglichkeit hin, daß auch uns ein Schicksal drohen könnte, das von den eben aufgezählten nicht einmal das schlimmste wäre, mit dem Untergang nicht nur unserer Gegner und nicht nur von uns selbst, sondern von *allen* zu drohen? Ebenso grotesk ercheint dieses Konzept in der zeitlichen Dimension. Wer weiß denn, wie sich die Welt, wenn sie einmal unter einer einzigen, und sei es totalitären Hegemonialmacht steht, weiter entwickeln wird? Wie könnt ihr euch anmaßen, das zu antizipieren und zu sagen, dann soll die Welt lieber ein für allemal aufhören zu existieren?

»Nun will ich Dir eine letzte Frage stellen«, sagt Rudolf, »um zu sehen, wie prinzipiell Du es meinst. Nimm an, es sind nicht die Sowjets, sondern die Nazis, wie sähe es dann für Dich aus?«

»Du weißt, Rudolf, daß ich alles Erdenkliche tun würde, was in Grenzen bliebe, töten und das eigene Leben riskieren, aber das Grenzenlose müßte auch dann bedingungslos vermieden werden. Versuche Dir doch auch hier die Situation konkret vorzustellen. Ich sehe jetzt sogar davon ab, daß der Atomkrieg das Ende der ganzen Gattung bedeuten kann. Denke ihn Dir begrenzt. Und nun denke an das Schlimmste, was wir mit den Nazis verbinden. Denke Dir, es wäre jetzt so in Osteuropa. Nach wie vor würden Menschen in Städten und Dörfern zusammengetrieben und erschossen. Nach wie vor gäbe es Gaskammern. Und nun – eine Befreiung durch Androhung und gegebenenfalls Realisierung des Atomkriegs? Bedenke doch, daß bei dem jetzt bevorstehenden Holocaust diejenigen von uns, die nicht sofort tot sind, diejenigen, die noch Waffen haben sollten, von sich aus bitten würden, sie und ihre Kinder zu erschießen, und daß wir, sollte es noch Gaskammern geben, freiwillig an ihren Toren Schlange stehen würden.«

Glucksmanns »Philosophie der Abschreckung«

Die Frage, die Glucksmann in seinem Buch[1] aufwirft, lautet: Wie sollen wir uns zu der Existenz der Atomraketen stellen? Ich will versuchen, in kritischer Auseinandersetzung mit Glucksmanns Thesen eine Antwort auf diese Frage zu skizzieren, die der, die er selbst gibt, ungefähr entgegengesetzt ist. Ich beginne mit einer kurzen Zusammenfassung seiner Position.

Glucksmann geht aus von der These, daß die Existenz der Atombombe uns zwingt, das Problem von Krieg und Frieden neu und radikal zu durchdenken. Diese Ausgangsthese ist das einzige, worin ich mit Glucksmann übereinstimme.

Es gibt nach Glucksmann drei Möglichkeiten, sich zu der durch die Existenz der Atombombe definierten Weltsituation zu stellen: 1. die traditionell militaristische, wir können auch sagen, die technische, 2. die der Friedensbewegung und 3. seine eigene, die Glucksmannsche, die in seinen Augen wahre, oder wir können auch sagen: die philosophische, da er sie mit viel Philosophie und sogar Poesie auszuschmücken sucht. Glucksmann stellt die ersten beiden Positionen – die des Militaristen und die des Pazifisten – als sich spiegelbildlich entsprechend dar, weil beide einseitig, nur in entgegengesetzter Wertung, auf die Atomraketen fixiert seien; andererseits gesteht er der Friedensbewegung zu, daß sie wenigstens die Radikalität der neuen Situation begriffen habe und auf sie moralisch reagiere, nur sei es eine perverse Moral. Die Perversität der Moral der Friedensbewegung besteht nach Glucksmann in ihrer Einäugigkeit, die sich erstens in ihrer ausschließlichen Fixierung auf die Atomraketen zeige, so daß diese zum größten und damit scheinbar einzigen Übel erklärt würden, und

1 André Glucksmann, *Philosophie der Abschreckung*, Stuttgart 1984. Seitenangaben im Text beziehen sich auf dieses Buch.

zweitens in der daraus resultierenden naiven oder defätistischen Haltung gegenüber der Sowjetunion. Ihre Devise laute »lieber rot als tot«. So ergebe sich eine rein gesinnungsethische Position, verbunden mit der Illusion, daß unsere eigene Friedfertigkeit bereits den Frieden sichere.

Nach Glucksmanns eigener Position ist die Existenz der Raketen nicht nur positiv zu bewerten im Sinn eines radikalen Denkanstoßes, sondern sie ist in sich selbst positiv, und zwar aus zwei Gründen: 1. Die Konfrontation mit der Möglichkeit des kollektiven Selbstmords zwinge uns aus dem Nihilismus des bloßen materiellen Lebens heraus; sie zwinge uns, uns mit der Frage zu konfrontieren, welche Werte uns so wichtig sind, daß wir um ihretwillen nicht nur das eigene Leben, sondern die Existenz der Menschheit riskieren. Glucksmann selbst beantwortet die Frage mit dem Verweis auf Auschwitz und mit der Gleichsetzung des sowjetischen Archipel Gulag mit Auschwitz. Wir müssen wählen, meint er, zwischen einem weltweiten Atombrand und einem weltweiten KZ (S. 163). Die Erhaltung der Freiheit rechtfertige die atomare Abschreckung. Das also ist der erste Grund, der der Atomrakete einen positiven Sinn gibt – sie zwinge zur Reflexion auf die moralischen Werte, die einen absoluten Widerstand rechtfertigten. Der zweite Grund ist, daß die wechselseitige atomare Abschreckung das einzige Mittel sei, den Krieg zu verhindern. Man könnte Glucksmanns erste These unter das Stichwort stellen »lieber tot als rot«, aber durch die zweite These glaubt er, einen Ausweg aus der Alternative zu weisen: Wir haben jetzt das Beste beider Welten und können sagen »weder rot noch tot«.

Man wird sich verwundert fragen, inwiefern denn die in diesen Thesen vertretene Position sich von der üblichen Position der Falken mit Bezug auf die Atomkriegsfrage unterscheide und was ihren besonderen, von Glucksmann beanspruchten philosophischen Charakter ausmache. Denn genau diese zwei Thesen entsprechen der bekannten konservativen Position, der zufolge es erstens Wichtigeres gebe als den Frieden und zweitens die Atomhochrüstung ohnehin das beste Mittel sei, den Frieden zu sichern. Glucksmanns Position unterscheidet sich von diesen schlichteren Aussagen nur durch ihre bildungsphilosophischen Einkleidungen. So legt Glucksmann Wert auf die Feststellung, daß in der Situation der atomaren Abschreckung der Krieg als Möglichkeit immer schon im Frieden gegenwärtig sei, also eine Form von dialektischer Einheit bestehe, und so etwas soll wohl etwas Philosophisches sein, und dann wird er nicht müde, das spezifisch Geistige seiner zwei Thesen zu betonen. Werte sind ja etwas Geistiges (im Gegensatz zum angeblichen Materialismus der Friedensbewegung) und (worauf Glucksmann besonderen Wert legt): wenn der Krieg durch die gegenseitige Abschreckung verhindert wird, spielt sich alles in den Köpfen der Kontrahenten und nicht im realen Aufprall der Waffen ab, also wieder etwas Geistiges. Nun, wenn das das Wesen des Geistigen ist, dann repräsentiert jeder Akt terroristischer Erpressung durch Geiselnahme dieses Wesen des Geistigen. Ich glaube, daß diese und andere »philosophische« Einkleidungen eher zur Verdunkelung als zur Klärung beitragen; ich schlage daher vor, von ihnen abzusehen und jetzt die Substanz von Glucksmanns Aussage zu prüfen – geleitet von der Rationalität des gesunden Menschenverstandes.

Zunächst zu seinem Bild der Friedensbewegung. Glucksmann betont wie alle Gegner der Friedensbewegung, daß der entschiedene Wille zum Frieden ohnehin bei allen vorhanden sei; man unterscheide sich nur hinsichtlich der Frage nach den besten Mitteln der Friedenssicherung. Ich halte diese These für falsch. Militärisches Denken und Militärbegeisterung sind immer noch weit verbreitet. Es mag genügen, an die noch immer enorm große Anziehungskraft von Militärparaden, militärischen Flugvorführungen und Manöverdarstellungen zu erinnern, an den Jubel in England über den Sieg im Falklandkrieg, an die Begeisterung in den USA über die Invasion in Grenada. Die Bereitschaft, sich für Kränkungen und Benachteiligungen in einem Taumel kollektiver Aggression zu entschädigen, ist immer noch groß, vielleicht im Westen größer als im Osten; die Tatsache, daß es ökonomische und bürokratische Machtinstanzen gibt, die militärische Interessen vertreten und diese Bereitschaft sowohl nutzen wie schüren, ist leider ebenfalls unleugbar, und ihre Gefährlichkeit sollte man nicht unterschätzen. Richtig ist gewiß, daß die positive Einstellung zum Krieg als solchem seit August 1914 schrittweise zurückgegangen ist. Glucksmann weist darauf hin. Aber es ist eben diese nur von einem Teil der Bevölkerung getragene antimilitaristische Entwicklung, in der die neue, durch die völlig neue Dimension eines Atomkrieges motivierte Friedensbewegung als ein nächster konsequenter Schritt zu verstehen ist. Die emotionale Basis dieser Bewegung besteht aus Angst und ebenso aus moralischem Abscheu vor den unabsehbaren Auswirkungen eines 3. Weltkrieges. Sie beruht auf einer Auffassung vom Wert des Lebens, die sich keineswegs auf das Thema Krieg beschränkt, sondern in einer allgemeinen Absage an macht- und leistungsorientiertes Denken besteht. Man hat in diesem Zusammenhang von der postmaterialistischen Generation gesprochen, und es ist überaus merkwürdig, wenn Glucksmann die Friedensbewegung als materialistisch bezeichnet.

Zwar ist die Haltung der Friedfertigkeit, soviel ist Glucksmann zuzugestehen, zunächst eine bloß gesinnungsethische Position, und wer auf ihr stehen bleibt, ist in der Tat naiv; aber Naive gibt es in allen Lagern. Doch kann man eine Verantwortungsethik der Gesinnungsethik nicht einfach gegenüberstellen; jede verantwortliche, sich auf die Komplexität der Realität einlassende Ethik gründet sich, wenn sie überhaupt eine Ethik sein soll, auf eine entsprechende Gesinnung, und so kann man vielleicht sagen: Das Ethos der entschiedenen Friedfertigkeit ist zwar noch keine Friedenspolitik, aber es ist die notwendige Voraussetzung einer ernsthaft friedenspolitischen Rationalität. Glucksmann hat sich die Auseinandersetzung mit der Friedensbewegung zu leicht gemacht, indem er die rationalen Argumente, auf die sich so viele ernstzunehmende Vertreter der Friedensbewegung stützen, weitgehend ignoriert. Er wirft der Friedensbewegung vor, sie könne nicht bis zwei zählen, da sie die Gefahr des Roten nicht ebenso ernst nehme wie die des Todes: Ich meine, daß man ihm selbst den Vorwurf machen muß, daß er nur bis zwei zählen kann. Das zeigt sich in beiden vorhin referierten Komponenten seiner

Position: sowohl bei seiner Diskussion der Werte wie bei der der Strategie. Der Westen scheint nur aus Freiheit zu bestehen, der Osten ein einziges KZ zu sein. Und in der Strategie scheinen nur zwei Optionen zu existieren: atomare Abschreckung oder Defätismus. In beiden Fällen sehen die meisten Vertreter der Friedensbewegung die Welt unvergleichlich komplizierter, es gibt viel mehr Alternativen, und man muß viel mehr Differenzierungen ins Auge fassen.

Ich beginne mit Glucksmanns Einschätzung der moralischen Situation. Ich teile mit ihm die Auffassung, daß die Menschenrechte, wie sie in den meisten unserer westlichen Staaten einigermaßen verwirklicht sind, unverzichtbar sind, und ich teile ebenso seine Überzeugung, daß wir moralisch berechtigt sind, unser politisches System gegen einen totalitären Aggressor zu verteidigen, aber was hier ›Verteidigen‹ heißen darf, darauf komme ich noch zurück, und so schwarzweiß, wie er die Lage malt, wird sie nicht einmal von Ronald Reagan dargestellt. Es genügt, eine Reihe von Fragen zu nennen, die sich offensichtlich aufdrängen. 1. Ist die Einschränkung der Freiheitsrechte das einzige durch gesellschaftliche Systeme erzeugte Übel, gegen das wir moralisch gehalten sind anzukämpfen? Wie ist es mit Hunger und Elend? Offensichtlich haben die kapitalistisch-parlamentarischen Systeme und die staatsmonopolistischen Systeme andere Wertprioritäten und enthalten entsprechend entgegengesetzte Gefährdungen. 2. Ist die von Glucksmann vorgenommene schlichte Gleichsetzung des Archipel Gulag mit Auschwitz (S. 158 ff.) berechtigt? Muß man nicht sagen, daß Auschwitz in der Ideologie der Nazis vorprogrammiert war, während der Stalinismus als eine zwar naheliegende, aber nicht notwendige Aberration eines marxistisch-staatsmonopolistischen Systems zu verstehen ist? 3. Und damit zusammenhängend: kann man wirklich die gegenwärtige Sowjetunion gleichsetzen mit der vor dem 20. Parteitag?

Ferner 4.: Kann man die Zustände im Herrschaftsbereich der Sowjetunion gleichsetzen mit denen in der Sowjetunion selbst? Gibt es z. B. in Polen einen Archipel Gulag? An diesem Punkt widerspricht sich Glucksmann selbst, indem er die heutige polnische Situation als eine Schwebesituation zwischen Militärregierung und Opposition beschreibt (S. 189 ff.). Wie stimmt eine solche Beschreibung mit der These zusammen, daß alle Länder, die sich im sowjetischen Herrschaftsbereich befinden, ein einziges KZ darstellen? 5. Darf man wirklich sagen, »daß die freien Menschen im Westen und die Sklaven im Osten leben« (S. 158)? Macht es sich Glucksmann nicht zu leicht, wenn er schreibt: »Die faschistischen Regime unter westlichem Vorzeichen zerbröckeln leicht«? Wie schnell wird Südafrika zerbröckeln? In Wirklichkeit herrscht ein unvergleichlich schlimmerer Terror in Guatemala, El Salvador, Chile, der Türkei, Indonesien als in Polen oder Ungarn. Dem indonesischen Völkermord in Osttimor sind mehr als 200000 Menschen zum Opfer gefallen, und der Westen beliefert Indonesien weiter mit Waffen. Will Glucksmann auf diese Rückfragen antworten, er spreche nur von Europa? Kann man so säuberlich trennen? Gehört die Türkei nicht zu Europa und zur NATO? Und sind unsere eigenen angeblich so freiheitlichen Staaten nicht unmittelbar mitverantwortlich an dem in der Türkei herrschenden Terror, indem sie dauernd türkische Bürger, die um Asyl nachsuchen, abschieben, auch wenn erwiesen ist, daß sie damit erneut den türkischen Folterkammern ausgeliefert werden? Das Mannheimer Oberverwaltungsgericht hat am 27. Mai 1982 ein Urteil gefällt, dem zufolge bei Türken Folter kein Grund ist zur Verleihung des Asylantenstatus (Aktenzeichen A 13 S 641/81).

Schließlich 6.: Selbst wenn Glucksmanns Vereinfachungen bis zu diesem Punkt zuträfen, auch der Ausblick auf ein weltumfassendes KZ, kann man dieses in eine Analogie setzen zum atomaren Weltuntergang? Wenn Glucksmann sagt, er würde es vorziehen, mit einem Kind, das er liebt, in einem atomaren Schlagabtausch unterzugehen, statt mit ihm in irgendein Sibirien verschleppt zu werden (S. 162), so übersieht er erstens, daß es bei einem Atomkrieg nicht einfach um Untergang geht, sondern um evtl. jahrelanges Siechtum; zweitens daß es sich überhaupt nicht um eine individuelle Präferenz handelt, was ich für mich vorziehe, wie Glucksmann es darstellt, sondern um eine Entscheidung für alle Menschen.

Der entscheidende Unterschied jedoch, den Glucksmann übersieht, besteht darin, daß ein atomarer Weltuntergang ein irreversibles Geschehen ist, ein weltweites totalitäres Regime hingegen nicht. Die moralische Rechnung, die Glucksmann aufstellt, ist daher falsch. Und sie ist falsch nicht nur wegen der Irreversibilität, sondern weil es sich auf der Seite der atomaren Option nicht um Tod handelt, wie Glucksmann fälschlich nahelegt, sondern um Mord, um den millionen- oder milliardenfachen qualvollen Mord Unschuldiger. Wenn wir schon, wie Glucksmann es vorgibt, moralisch argumentieren, ist klar, daß Mord sogar an einer einzigen Person als ein Mittel zum Zweck – hier zum Zweck der Vermeidung eines lediglich wahrscheinlichen, wenngleich großen Übels für viele – moralisch verwerflich ist. Wenn also die Argumentation von Glucksmanns Buch überhaupt eine Basis hat, dann kann sie nur auf dem anderen Standbein stehen, daß nämlich die atomare Abschreckung den Krieg vermeidet. Daß der Atomkrieg, wenn es denn zu ihm kommt, das geringere moralische Übel wäre, das ist nicht Ansichtssache, sondern einfach falsch.

Es wäre also besser gewesen, Glucksmann hätte sich den ganzen moralischen Teil seiner Argumentation gespart. Dies gilt noch aus einem zweiten Grund. Wenn nämlich seine moralische Argumentation richtig wäre, würde daraus sehr viel mehr gefolgert werden müssen, als Glucksmann daraus zu folgern bereit ist. Dann wäre es nämlich nicht nur moralisch geboten, daß wir unser System gegen einen sowjetischen Angriff verteidigen, sondern ebenso, daß wir die unter diesem System bereits Lebenden mit Gewalt – und das hieße dann durch einen Atomkrieg – befreien. Auch für sie wäre es ja, nach Glucksmanns Logik, besser, bei dem Akt einer solchen Befreiung zugrunde zu gehen, als weiter zu existieren wie jetzt. Man weiß, daß der amerikanische Präsident und einige seiner Berater aufgrund derselben Schwarzweißmalerei mit dem Gedanken eines atomaren Kreuzzugs gegen die Sowjetunion spielen, und weil niemand weiß, wie lange sie mit diesem Gedanken *nur* spielen werden, ist die Gefahr, daß es tatsächlich zu der Katastrophe kommt, groß. Auch Glucksmann spielt mit diesem Gedanken (S. 155 ff.), aber später sagt er uns, daß er allein den Gedanken der Verteidigung hege.

Aber wie kann er das von seiner Basis aus begründen? Überhaupt nicht. An dieser Stelle kommt es zu einem vollständigen Bruch in der Argumentation. Auf einmal (ab S. 303) wechselt Glucksmann, ohne das bemerkbar zu machen, vielleicht auch ohne es selbst zu bemerken, die Pferde. Diesen Bruch erlaubt das assoziative Vorgehen dieses Buches entlang verschiedener bildungsphilosophischer Reminiszenzen. Jetzt ist es die völkerrechtliche Position von Hugo Grotius, der zufolge das einzige Recht zum Krieg darin bestehe, sich zu verteidigen (S. 314). In diesem Kontext betont Glucksmann zustimmend, daß diese Rechtsvorstellung eine rein negative sei, daß sie sich nicht auf positive Werte gründe, und es ist ja richtig, daß das Völkerrecht jener Zeit, das unter dem Eindruck der verheerenden Auswirkungen der Religionskriege entstanden war – wo jede Partei den Anspruch erhob, für die gute und wahre Sache zu kämpfen –, eine Vorstellung von Kriegsrecht entwickeln mußte, die möglichst frei von Moral war. Gemäß dieser Konzeption ist das einzige Recht zum Krieg das Recht auf Selbsterhaltung. Aber gerade diese Vorstellung hatte Glucksmann bis zum vorletzten Kapitel seines Buches als materialistisch verworfen. Mit Recht hatte er die Auffassung vertreten, daß auch diejenigen, die von Hitler nicht direkt angegriffen waren, das moralische Recht, ja die moralische Pflicht hatten, gegen ihn zu kämpfen. Wie kann er das jetzt noch, nachdem er sich auf diese moralische Minimalposition stellt, begründen? So zeigt sich, daß Glucksmann gar keine konsistente moralische Argumentation durchführt, sondern einfach nach Bedarf verschiedene, miteinander nicht konsistente Versatzstücke aus der bildungsphilosophischen Mottenkiste aneinanderheftet.

Gibt es eine konsistente moralische Position, die hier heraushilft? Ich meine ja, und um sie sich klarzumachen, brauche ich mich auf keine großen philosophischen Namen zu berufen, es handelt sich um drei einfache Prinzipien, die in unserem moralischen Common sense tief verankert sind. Ich werde nicht versuchen, sie hier philosophisch zu begründen, und möchte lediglich denjenigen, der sie in Zweifel ziehen will, dazu herausfordern, zu versuchen, sie zu widerlegen.

Das *erste* Prinzip lautet: Es gibt ein moralisches Recht, sich zu verteidigen, wenn man angegriffen wird, und zwar gilt dieses Recht für Staaten wie für Individuen. Das ist das Prinzip, auf das sich die Position von Grotius, wie sie Glucksmann präsentiert, beschränkt. Es reicht natürlich nicht aus. Denn es gilt auch das folgende *zweite* Prinzip: Es gibt ein (allerdings offenes, nicht zwingendes) moralisches Gebot, jemandem, der in Not ist, zu Hilfe zu kommen, und auch dieses Gebot gilt sowohl gegenüber Individuen wie gegenüber Völkern. Es ist natürlich eine einfache Konsequenz dieses Gebots, daß wir moralisch verpflichtet sind, einem Individuum, das von anderen Individuen oder einem Volk, das von einem Staat geknechtet wird (vorausgesetzt, daß dieser Tatbestand einwandfrei erwiesen und nicht eine Interpretationsfrage oder subjektive Projektion ist), zu Hilfe zu kommen, und d. h. notfalls sie durch Anwendung von Gewalt zu befreien. Beide Prinzipien – das der Selbstverteidigung und das der Hilfestellung – sind freilich, was die individuellen zwischenmenschlichen Beziehungen betrifft, innerhalb eines Rechtsstaats durch das Prinzip des staatlichen Gewaltmonopols eingeschränkt. Wo diese Einschränkung nicht besteht, gelten sie. Das heißt nun aber nicht, daß in den beiden Fällen – der Selbstverteidigung wie der Hilfestellung – beliebige Mittel angewandt werden dürfen. Vielmehr werden beide Prinzipien eingeschränkt durch ein *drittes* moralisches Prinzip, dem zufolge der Zweck nicht die Mittel heiligt. Das eigentliche moralische Debakel des Marxismus, jedenfalls in seiner stalinistischen Variante, besteht in der Leugnung dieses Prinzips – der gute Zweck soll alle Mittel rechtfertigen –, und es ist interessant zu sehen, daß der Ex-Marxist Glucksmann dieses Prinzip nicht explizit leugnet, aber völlig übersieht. Es ist dieser Umstand, der seine Argumentation in allen Teilen vollständig verdorben hat. Ich glaube nicht, daß das Prinzip, daß der Zweck nicht die Mittel heiligt, wirklich ausnahmslos gilt, aber ich kann hier von den Grauzonen dieses Prinzips absehen; denn in unserem Kontext geht es um eine Anwendung, von der ich meine, daß alle zugestehen müßten, daß sie eindeutig und zwingend ist. Sie lautet: Wir haben weder bei der Selbstverteidigung noch bei der Befreiung anderer das Recht zur Geiselnahme und gegebenenfalls Ermordung unschuldiger Dritter, und zwar weder im individuellen noch im kollektiven Fall.

Jetzt fällt es, glaube ich, leicht, aus den genannten Prinzipien die Konsequenzen für alle hier strittigen Fälle zu ziehen. Wenn wir Menschen töten, die uns mit Waffengewalt angreifen oder andere mittels Waffengewalt knechten, so ist das moralisch legitim und gegebenenfalls geboten, hingegen ist das Töten von wehrloser Zivilbevölkerung Mord und gegebenenfalls Völkermord, und Mord und Völkermord sind durch nichts zu rechtfertigen. Es war also moralisch geboten, gegen das Naziregime zu kämpfen, auch wenn man selbt nicht angegriffen war, aber daß die Alliierten dabei die von Franco, Mussolini und Hitler initiierte Praxis der systematischen Bombardierung von Zivilbevölkerung nachahmten, ist moralisch nicht zu rechtfertigen. Es wäre daher auch moralisch nicht zu rechtfertigen gewesen, gegen Hitlerdeutschland die Atombombe einzusetzen. Ich halte die Frage eines moralisch legitimen Angriffskrieges für außerordentlich heikel. Ich habe den Fall des Naziregimes genannt, weil er mir einer der seltenen eindeutigen Fälle zu sein scheint. Und wenn Glucksmann recht hätte mit seiner Gleichsetzung des Sowjetregimes mit dem Naziregime, wäre auch ein Angriffskrieg gegen die Sowjetunion im Prinzip moralisch legitim. Aber das ist jetzt nicht das Problem. Es geht um die moralische Legitimität der Mittel. Und hier scheint mir klar, daß sich aus dem dritten moralischen Prinzip ergibt, daß die Einsetzung von Atombomben unter allen Umständen moralisch verwerflich ist – und zwar auch als Mittel der Verteidigung.

Man mag mir entgegnen, daß die Unterscheidung, die ich zwischen militärischen und zivilen Zielen mache, im modernen Krieg nicht mehr möglich sei. Dazu drei Anmerkungen: 1. ist das nicht richtig. Richtig ist nur, daß in den letzten Jahrzehnten Kriege in dieser Form de facto geführt wurden. Das liegt aber nicht im Wesen der modernen Waffen, sondern darin, daß wir uns in dieser Hinsicht progressiv moralisch desensibilisiert haben, ein Prozeß, der nicht unumkehrbar ist. 2. Ich gebe natürlich zu, daß es eine breite Grauzone gibt; die Trennung zwischen den zwei Arten von Zielen ist nicht scharf zu ziehen, die Zivilbevölkerung wird in jedem Fall auch in Mitleidenschaft gezogen werden. Aber es ist einfach falsch, aufgrund des Umstandes, daß es zwischen Weiß und Schwarz ein Kontinuum von Grautönen gibt, zu folgern, daß Weiß und Schwarz sich nicht unterscheiden. Wir dürfen doch nicht deswegen, weil die Wirklichkeit so komplex ist, daß es immer Grenzfälle gibt, einfach aufhören, die erforderlichen Unterscheidungen zu machen. Das wäre moralisch ebenso pervers, wie es logisch pervers ist. Bei den ABC-Waffen steht von vornherein fest, daß es Mittel zum Völkermord sind. Die Vernichtung von Zivilbevölkerung ist bei ihnen nicht ein eventueller Nebeneffekt, sondern der beabsichtigte Zweck; und sogar bei den modernen kleinen und zielgenauen Atomraketen, die gegebenenfalls gegen militärische Objekte eingesetzt werden sollen, sind in jedem Fall die vorhersehbaren Konsequenzen für die Zivilbevölkerung, ganz abgesehen von den wahrscheinlichen atomaren Kettenreaktionen, so verheerend, daß auch hier dasselbe gilt. 3. Angenommen, ich hätte mit meiner Einschätzung nicht recht und man könnte bei einem modernen Krieg die Unterscheidung zwischen Weiß und Schwarz überhaupt nicht mehr machen, dann würde eben folgen, daß keine kriegerische Handlung, auch zur Selbstverteidigung, moralisch vertretbar ist. Wenn das einzige Mittel, sich zu verteidigen, darin bestehen sollte, daß man Unschuldige, die mit dem Konflikt nichts zu tun haben, ermordet, wäre Verteidigung moralisch nicht mehr zu rechtfertigen.

Ich schließe damit meine Bemerkungen zur moralischen Frage ab und werde mich mit Bezug auf Glucksmanns zweiten Punkt, daß die atomare Abschreckung den Krieg verhindert, auf nur einige kurze Thesen beschränken, weil diese Dinge in der einschlägigen Literatur ausführlich behandelt sind.

1. Wenn Glucksmann sich bei seinem Versuch, die atomare Abschreckung zu rechtfertigen, auf Grotius beruft, übersieht er aufgrund seiner Mißachtung des Prinzips, daß der Zweck die Mittel nicht heiligt, daß das Wort »Abschreckung« zwei völlig verschiedene Bedeutungen annehmen kann. In dem einen Fall ist gemeint, daß wir einen Gegner dadurch abschrecken, daß er weiß, daß wir, wenn er uns angreift, Widerstand leisten werden; das ist die Abschreckung, die Grotius gemeint hat und die moralisch legitim ist und die auch in weiten Kreisen der Friedensbewegung unter dem Titel einer ausschließlich defensiven Verteidigung bejaht wird. Was Glucksmann hingegen unter Abschreckung versteht, ist der Versuch, den Gegner durch die Drohung des Völkermordes zu erpressen.

2. Die asymmetrische Relation, die Glucksmann zwischen sich und der Friedensbewegung herzustellen versucht, indem er dieser das Motto »lieber rot als tot« zuordnet und für sich das Motto »weder rot noch tot« beansprucht, diese Asymmetrie besteht natürlich nicht. Denn für die Ideallösung »weder rot noch tot« sind beide Parteien, und sie unterscheiden sich nur darin, wie dieses Ziel – die Vermeidung des Krieges sowie der Unterwerfung – am ehesten zu erreichen ist. Die »lieber als«-Formel, ob in der einen oder anderen Richtung, hat nur den Sinn der intellektuellen Redlichkeit, indem man angibt, welche Alternative man für den Fall vorzieht, daß die vorgeschlagene Politik scheitert, und daß sie scheitern kann, daß jede Lösung risikobehaftet ist, sollte wohl von allen Seiten zugegeben werden. Dabei begeht Glucksmann nur den schon erwähnten Fehler, daß er das Wort »tot« verwendet statt »Mord«. Die Frage ist nicht, was ein einzelner für sich lieber will, sondern was wir bereit sind, der Menschheit auf Dauer zuzufügen. Auch die Rede von Selbstmord ist eine irreführende Verharmlosung. Wenn z. B. Mitterrand entscheidet, Atomraketen einzusetzen, kann man nicht sagen, daß Frankreich Selbstmord begeht, denn Frankreich ist nicht eine Person, sondern dann begeht Mitterrand Völkermord nicht nur an den Völkern des Ostens und nicht nur an unbeteiligten Völkern, sondern auch am eigenen.

3. Wie steht es also mit der Frage nach der sichersten Kriegsvermeidung? Von der Friedensbewegung wird der Versuch, den Krieg durch atomare Abschreckung zu verhindern, erstens moralisch abgelehnt und weil das Risiko unverhältnismäßig größer, ja total ist, aber zweitens auch deswegen, weil sie nicht effektiv ist. Das gängige und auch von Glucksmann verwendete Argument für die atomare Abschreckung ist, daß die Gefahr so ungeheuer groß sei, daß keine der beiden Seiten sie eingehen wird. Das wäre aber höchstens dann einleuchtend, wenn nicht gedroht und nicht gepokert würde. So wie die heutige Politik aussieht, wird aber gepokert, und Glucksmann selbst empfiehlt zu pokern, ja, er empfiehlt den westlichen Politikern, möglichst glaubhaft zu pokern. Mit Recht weist er darauf hin, »wer einmal nachgegeben hat, wird immer nachgeben« (S. 119). Aber das gilt für beide Seiten, und wenn beide Seiten wissen, daß sie, wenn sie in der nächsten Krise drohen und doch nachgeben, unglaubhaft werden, ist die Katastrophe vorprogrammiert. Daher lautet die Gegenthese der Friedensbewegung: Die Raketen können einen Krieg nicht nur nicht verhindern, sondern das Raketenwettrüsten stellt selbst die größte Gefahr für einen Kriegsausbruch dar.

4. Aber, sagt Glucksmann, wenn wir die Raketen aus Europa entfernen, machen wir uns durch die Sowjets erpreßbar. Gegenfrage: Ist Schweden erpreßbarer als Frankreich? Kann die Bundesrepublik sich sicherer als Schweden fühlen? Wieso, wenn Glucksmanns Thesen stimmen, hat sich der Archipel Gulag nicht längst über Finnland, Schweden und Österreich ausgebreitet?

5. Die Einäugigkeit, die Glucksmann der Friedensbewegung vorwirft, trifft in Wirklichkeit auf ihn selbst zu. Gerade er ist es, der ausschließlich auf die Atomraketen fixiert ist. Für ihn gibt es weder alternative Mittel der Verteidigung noch politische Wege der Kriegsverhütung. Dahinter steht eine Vorstellung der politischen Lage, die ebenso extrem simplifiziert und starr ist wie seine Vorstellung von den Werten. Das einzige politische Datum für Glucksmann ist, daß die Sowjetunion Europa bedroht und daß sich daran politisch nichts än-

dern läßt. Kein Gedanke daran, daß sich die Sowjetunion ihrerseits bedroht fühlt und daß es rational wäre, durch die Art unserer Rüstung und unserer Politik diesem Umstand Rechnung zu tragen. Da für Glucksmann die von der Sowjetunion ausgehende Bedrohung eine totale und allseitige ist, fehlt auch jeder Versuch einer Analyse, unter welchen in Nachbarländern entstehenden politischen Bedingungen eine aggressive Aktion der Sowjetunion zu befürchten ist. Und da Glucksmann dasselbe Weltbild wie Reagan hat, ist er natürlich auch nicht in der Lage, zu sehen, daß die bei weitem größere Gefahr für den Frieden heute die offen aggressive Haltung der USA ist, die sich als die ressourcenreichere und technologisch überlegene Supermacht vorgenommen hat, die Sowjetunion durch ein Wettrüsten in die Knie zu zwingen. Und da eine Supermacht es sich nicht leisten kann, in die Knie zu gehen, ist dann der Moment für die Katastrophe gekommen. Auf typisch französische Weise denkt sich Glucksmann Europa als Subjekt des politischen Geschehens – als ob wir, die Europäer, der Kontrahent der Sowjetunion wären. Aber wenn es uns nicht gelingt, die Amerikaner zu stoppen und auf einen politischen Kurs der Entspannung und der ökonomischen Interdependenz zurückzubringen und gleichzeitig die gesamte atomare und konventionell-offensive Rüstung aus Europa herauszubekommen, werden wir nur noch das Objekt des Geschehens sein, das sich zwischen den beiden Supermächten abspielen wird und mit Werten und Moral überhaupt nichts zu tun hat.

Rationalität und Moral in der Friedensbewegung

Formen des Pazifismus

Der Titel meines Vortrags macht deutlich, daß ich anknüpfe an den Vortrag, den ich vor zwei Jahren gehalten habe unter dem Titel »Rationalität und Irrationalität der Friedensbewegung und ihrer Gegner«.[1] Damals ging es um ein Streitgespräch zwischen der Friedensbewegung und ihren Gegnern. Es sollte geklärt werden, wer die besseren Argumente hat in bezug auf zwei Fragen: erstens auf die damals unmittelbar anstehende Frage, ob durch die Stationierung von amerikanischen Mittelstreckenraketen in Europa unsere Sicherheit erhöht werde; zweitens auf die weitergehende Frage, ob die atomare Abschreckungspolitik überhaupt rational sei. Mit Bezug auf beide Fragen kam ich zu einem negativen Ergebnis, das mir heute noch so gültig scheint wie damals: Erstens, die amerikanischen Mittelstreckenraketen können die Sowjets nicht von einem Angriff ihrer SS-20 abschrecken, weil sie, wenn ein solcher stattfände, vernichtet würden, bevor sie zurückschießen könnten; sie sind nicht als Zweitverwendungswaffen, sondern nur als Erstverwendungswaffen denkbar. Zweitens, die Strategie der atomaren Abschreckung, jedenfalls in ihrer jetzigen dynamischen Form eines destabilisierenden atomaren Rüstungswettlaufs, verringert nicht, sondern erhöht die Gefahr eines Kriegsausbruchs. Diese komparative Feststellung ließ sich freilich nicht beweisen; ich konnte sie aber ergänzen durch die weitere These, daß, wie immer hoch oder niedrig man die Wahrscheinlichkeit des Ausbruchs des Atomkrieges ansetzen mag, dieses Ereignis, da es das größte denkbare Übel ist, unbedingt vermieden werden muß und nicht in einen Wahrscheinlichkeitskalkül einbezogen werden

1 Vgl. in diesem Band S. 19–44

darf. Daraus ergab sich das Postulat des Nuklearpazifismus, des bedingungslosen Verzichts auf Atomwaffen.

Inzwischen hat die Stationierung der Mittelstreckenwaffen begonnen, und, so wird der Friedensbewegung entgegengehalten, das Desaster, das sie beschworen hat, ist nicht eingetroffen. Haben wir uns also geirrt, war es doch nicht eine rationale, sondern eine irrationale Angst, die uns bewegt hat? Aber worin sollen wir uns geirrt haben? Gewiß, es gab damals einige, die behaupteten, die Pershing II seien nicht nur Erstverwendungswaffen, sondern mit ihnen könnten die Amerikaner einen sog. Erstschlag, einen Enthauptungsschlag gegen die Sowjetunion führen, d. h. einen Angriff, mit dem die Sowjetunion auf einen Schlag wehrlos gemacht werden würde, und diese Vorstellung führte dazu, einen solchen Angriff oder einen sowjetischen Präventivschlag als unmittelbar bevorstehend anzusehen. Diese Vorstellung war gewiß falsch, richtig hingegen und unwiderlegt scheint mir, daß die Wahrscheinlichkeitskurve für den Ausbruch eines Atomkrieges durch die sog. Nachrüstung im Zusammenhang mit den neuen amerikanischen Ideen über die Führbarkeit eines begrenzten Atomkrieges einen Knick nach oben erhielt. Es war dieser Umstand, der vielen von uns, weit über die Bedeutung dieses besonderen Ereignisses hinaus, die Augen öffnete für die furchtbare, aber so leicht verdrängte Gefahr, in der wir uns auch schon vorher befanden und in die wir immer weiter hineingeraten. Die Wahrscheinlichkeitskurve ist seither nicht abgeflacht, sondern weiter angestiegen, erstens durch die massive Erhöhung der amerikanischen Verteidigungsausgaben – solche abrupten Erhöhungen waren in der Vergangenheit immer Vorboten von Krieg –, zweitens durch die destabilisierende Wirkung des SDI-Programms, drittens durch die Krisen, die sich im Weltwirtschaftssystem abzeichnen, und soll man sagen: viertens durch den Rückgang der Friedensbewegung?

Mein heutiger Vortrag ist nur indirekt ein Dialog mit den Gegnern der Friedensbewegung. Er zielt mehr auf eine Selbstverständigung innerhalb der Friedensbewegung. Es geht um eine Frage, die ich im vorigen Vortrag explizit offengelassen habe: Wo nehmen wir unseren Standpunkt ein innerhalb der Bandbreite von Möglichkeiten, die es zwischen einem bloßen Nuklearpazifismus und einem radikalen Pazifismus gibt? Das ist eine Frage, die letztlich jeder für sich selbst beantworten muß. Ich glaube nicht, daß man hier eine bestimmte Position als zwingend beweisen kann, aber daraus folgt nicht, daß es sich um eine blinde Gewissensentscheidung handeln muß, sondern es kommt darauf an, eine überlegte Entscheidung zu treffen, d. h. eine solche, die die relevanten Aspekte berücksichtigt und die anderen möglichen Positionen, die man beziehen kann, ernst nimmt. Nun ist der radikale Pazifismus eine moralische Position. Natürlich heißt das nicht, daß die anderen möglichen Positionen nicht-moralische oder weniger moralische Positionen sind, sondern daß sie die moralische Frage bezüglich Krieg und Frieden anders beantworten. Die Auseinandersetzung mit dem Pazifismus führt mich also dazu, das ganze Spektrum von Möglichkeiten aus der moralischen Perspektive zu betrachten, während ich diese Perspektive in dem früheren Vortrag bewußt weitgehend vermieden habe, in der Annahme, daß Argumente aus dem wohlverstandenen Eigeninteresse wirksamer sind als moralische Argumente.

Jetzt kann ich erklären, wie der Titel gemeint ist. Rationalität und Moral sind zwar keine eigentlichen Gegenbegriffe, denn moralische Argumente können ebenso rational sein wie andere. Aber man kann Rationalität in dem engen Sinn eines Überlegens und Handelns verstehen, das ausschließlich auf das wohlverstandene Eigeninteresse bezogen ist, und so habe ich das Wort in dem damaligen Vortrag verstanden. Dabei habe ich freilich das wohlverstandene Eigeninteresse nicht individualistisch, sondern im Sinn des wohlverstandenen kollektiven Eigeninteresses verstanden, und so werde ich es auch hier tun. Mit kollektivem Eigeninteresse meine ich das, worauf wir uns beziehen, wenn wir öffentlich darüber argumentieren, was für uns das Beste ist, für uns – d. h. eben: für das jeweilige Kollektiv. Etwas kann gut für uns sein und gleichwohl moralisch unannehmbar. Es ist wichtig zu wissen, mit welcher Argumentation man weiterkommt, mit der moralischen oder der rationalen im engeren Sinn. Darauf werde ich erst am Ende meiner Überlegungen zurückkommen. Zuerst will ich mich ganz auf die moralische Perspektive beschränken.

Und hier beginne ich also mit dem Pazifismus. Was ist damit gemeint? Die Antwort scheint klar: die bedingungslose Ablehnung von Krieg oder – um auch Bürgerkrieg, bewaffneten Aufstand usw. einzubeziehen – die bedingungslose Ablehnung von bewaffnetem Kampf. Damit ist jedoch nur das äußere Erscheinungsbild des Pazifismus bezeichnet. Um den Pazifismus als Position, als menschliche Haltung zu verstehen, muß man nach der Begründung fragen, warum jemand diese Auffassung vertritt, und sobald wir das tun, zeigt sich, daß wir hinter dem fast gleichen äußeren Erscheinungsbild mindestens zwei (wir werden später sehen: sogar drei) verschiedene Positionen unterscheiden müssen.

Das üblichste Verständnis des Pazifismus ist, daß er sich auf eine absolute Haltung der Gewaltlosigkeit gründet oder, etwas anders akzentuiert, auf ein absolutes Verständnis des Tötungsverbots. Wir alle, sofern wir überhaupt moralisch denken, akzeptieren den Satz »Du darfst nicht töten« als ein moralisches Grundgebot. Man könnte meinen, daraus müßte folgen, daß, wenn jemand bereit ist, dieses Grundgebot unter bestimmten Bedingungen zu durchbrechen, er insofern einen Kompromiß mit außermoralischen Gesichtspunkten eingeht. In diesem Fall wäre der Pazifist der einzige entschiedene Vertreter der moralischen Position. Aber diese Auffassung ist irrig. Sie geht von einem falschen Verständnis des Sinns moralischer Grundgebote aus. Auch der Satz »Du darfst nicht lügen« ist ein moralisches Grundgebot, aber das heißt nicht, daß er ausnahmslos gilt. Wenn ich durch eine Lüge jemandem das Leben retten kann, bin ich nicht nur moralisch legitimiert, sondern moralisch verpflichtet zu lügen. Alle solchen einfachen Sätze wie »Du sollst nicht lügen« sind nur sogenannte Prima – facie – Gebote, sie gelten nur, sofern sie nicht durch andere und gegebenenfalls stärkere moralische Erwägungen relativiert werden. Unsere wirkliche moralische Situation ist häufig so komplex, daß wir zwischen mehreren moralischen Geboten abwägen müssen, und das Problem von

Krieg und Frieden ist deswegen moralisch so schwierig, weil es sich hier immer um eine Situation eines moralischen Normenkonflikts handelt.

Aber, so könnte man entgegnen, hat nicht wenigstens das Tötungsverbot eine so überragende Stellung, daß es ausnahmslos gilt? Aber gilt es auch gegenüber jemandem, der seinerseits tötet? Sind wir nicht moralisch verpflichtet, einen Mörder an seinem Tun zu hindern und dies, wenn es kein anderes Mittel gibt, indem wir ihn selbst töten? Gibt es nicht ein moralisches Gesetz der Notwehr? Sind wir nicht insbesondere moralisch verpflichtet, Unschuldige, denen Gewalt angetan wird, die getötet, gefoltert usw. werden, aus den Händen ihrer Unterdrücker zu befreien und dabei deren Leben und auch unser eigenes Leben notfalls nicht zu schonen? Gibt es nicht eine moralische Pflicht, einen Tyrannen zu töten? Der Pazifist, wie ich ihn bisher definiert habe, kommt jetzt in Beweisnot. Es gibt Menschen, die sagen, sie hätten z. B. Hitler nicht getötet, wenn sie die Möglichkeit dazu gehabt hätten, einfach weil es ihnen unmöglich wäre, einen Menschen zu töten. Aber wer so redet, wer sich lediglich auf sein individuelles gefühlsmäßiges Nichtkönnen beruft, vertritt überhaupt keine moralische Position. Einen Anspruch auf Moralität kann eine Haltung nur dann erheben, wenn man meint, ein begründetes Prinzip zu vertreten, das für alle gilt. Daß es nicht richtig gewesen wäre, einen Massenmörder zu töten, hätte man aber mit dem moralischen Prinzip, das das Töten ächtet, nicht begründen können, da dieses Prinzip im Gegenteil moralisch gebietet, einen solchen Menschen zu töten, wenn das die einzige Möglichkeit ist, seinem Tun Einhalt zu gebieten.

Wie kann dann aber der so verstandene Pazifist seine Position begründen? Nur so, daß er sagt: Wir haben keine Verantwortung für das, was auf der Welt passiert, das ist Gottes Sache; unsere moralische Pflicht besteht nur darin, daß wir uns selbst moralisch rein erhalten. Was diese Konzeption von Pazifismus auszeichnet, ist also in Wirklichkeit gar nicht ein besonders kompromißloses Festhalten am Tötungsverbot, sondern ein grundsätzlich passivisches, nicht-eingreifendes Verständnis von Moral. Max Weber war der Auffassung, daß eine solche reine Gesinnungsethik gleichberechtigt neben der auf die Bekämpfung der Übel in der Welt bezogenen Verantwortungsethik steht,[2] und gewiß, man kann ihr eine eigene Würde nicht absprechen, ja, wir neigen dazu, uns eine konsequent durchgehaltene Haltung dieser Art als die eines Heiligen zu denken. Aber die Kategorie des Heiligen ist eine religiöse Kategorie, und wenn man sich fragt, wie man eine gesinnungsethische Position ihrerseits begründen kann, so ist sie wohl in der Tat nur religiös begründbar. Der so verstandene Pazifismus ist also, weit entfernt davon, daß er eine besonders reine moralische Position darstellt, durch die Moral im gewöhnlichen Sinn – jedenfalls wenn man darunter solche Regeln wie das Tötungsverbot versteht – überhaupt nicht zu begründen.

Es ist dieser gesinnungsethische Pazifismus, der das übliche Verständnis von Pazifismus prägt. Deswegen übersieht man leicht, daß es auch eine andere, verantwortungsethische Konzeption von Pazifismus gibt. Für diese 2. Form des Pazifismus ist die kategorische Ablehnung von Krieg nicht im Tötungsverbot begründet, sondern in der Erfahrung, daß alle Kriege, jedenfalls alle modernen Kriege, ein Ausmaß an Vernichtung und Leid zur Folge haben, das weit über den gegebenenfalls berechtigten Grund des Kriegs hinausreicht; dieser berechtigte Grund, der vom Pazifisten des 2. Typs akzeptiert würde, bestünde in der direkten bewaffneten Abwehr derer, die angreifen oder unterdrücken. Dieser zweite Pazifist ist also im Unterschied zum ersten kein Gesinnungsethiker, er ist sogar in besonderem Ausmaß folgenorientiert; es sind die weiteren Konsequenzen, die z. B. die Abwehr eines Angreifers für die Zivilbevölkerung nach sich zieht, die ihn dazu führen, jeden Krieg als unmoralisch zu betrachten. Während der erste Pazifist von einem a priori feststehenden Prinzip ausgeht, stützt sich dieser zweite Pazifist auf die empirische Erfahrung.

Während es nun zwischen dem ersten Pazifisten und denjenigen, die Kriege unter bestimmten Umständen für berech-

2 Vgl. Max Weber, »Politik als Beruf«, in: ders., *Gesammelte politische Schriften* (3., erweiterte Aufl., hrsg. von J. Winckelmann), Tübingen 1971, S. 505-560 (hier: S. 551 ff.).

tigt halten, aufgrund ihrer gegensätzlichen Grundprämissen überhaupt keinen Dialog geben kann, trifft das für den zweiten Pazifisten nicht zu. Ja man kann sogar im Gegenteil sagen, die Position dieses zweiten Pazifismus ergibt sich überhaupt erst als Resultat aus der Auseinandersetzung mit denjenigen, die Kriege unter Umständen für berechtigt halten. Nur indem es dem verantwortungsethischen Pazifisten gelingt zu zeigen, daß alle Gründe, die von denjenigen, die Kriege unter Umständen für berechtigt halten, angeführt werden, moralisch nicht ausreichen, kann er sich seiner eigenen Position versichern. Dieser Pazifismus ist also nur zu verstehen als Ergebnis einer verantwortungsethischen Argumentation mit seinem kriegsbefürwortenden Gegner, und so ist es diese Argumentation, auf die wir uns jetzt einlassen müssen.

Das setzt freilich voraus, daß der Gegner, der Kriege unter Umständen für berechtigt hält, diese Berechtigung seinerseits moralisch versteht. Daß ich die Konfrontation so ansetze, mag überraschen. Denn, so könnte man fragen, muß nicht, wer sich auf Kriege einläßt, den moralischen Standpunkt überhaupt verlassen? Sind Kriege nicht immer machtpolitisch begründet, und ist im Krieg nicht alles erlaubt? Diese Auffassung stützt sich darauf, daß es zwischen den Staaten keine erzwingbare Rechtsordnung gibt, und wo es keine erzwingbare Rechtsordnung gibt, gibt es, so meint man, auch keine Moral. Das war insbesondere die Auffassung von Hobbes. Auch die einzelnen Menschen befinden sich, so sagte er, von Natur im Zustand eines latenten Krieges. Dieser Naturzustand ist durch die Staatengründungen und ihre Rechtsordnungen nach innen überwunden, er besteht aber zwischen den Staaten fort. Und wenn es zum Bürgerkrieg kommt, wird auch innerhalb eines Staats die Rechtsordnung aufgekündigt, und es herrscht wieder der Naturzustand.

An dieser Auffassung ist viel Richtiges: Die Rede von einem Völkerrecht bleibt problematisch, solange es keine Instanz gibt, die das Recht durchsetzen kann, und deswegen kann man sagen, daß wir den Krieg nicht abschaffen können – und heute ist es so weit, daß wir ihn abschaffen müssen, wenn die Menschheit überleben soll –, wenn es uns nicht gelingt, eine erzwingbare internationale Rechtsordnung herzustellen. Aber die Gleichsetzung von Recht und Moral ist zweifelhaft; wenn sie richtig wäre, bräuchten wir von Moral gar nicht mehr zu sprechen. Dann wären eben die einzigen Normen, die es überhaupt gibt, die des positiven und erzwingbaren Rechts. Aber so denken wir in Wirklichkeit gar nicht, und so denken wir auch nicht mit Bezug auf den Krieg. In Wirklichkeit wird die gesamte öffentliche Argumentation für Krieg heute sowohl in unserem Land wie überall auf der Welt durchaus moralisch geführt. Diejenigen, die sagen, unter den und den Umständen ist es berechtigt, einen Krieg zu führen, z. B. wenn man angegriffen wird, oder einen Bürgerkrieg zur Beseitigung eines diktatorischen Regimes, meinen das Wort »berechtigt« immer im Sinn von »moralisch berechtigt«. Wir urteilen moralisch über die Berechtigung z. B. des Vietnamkrieges, der sowjetischen Intervention in Afghanistan, des Falklandkrieges, der Nahostkriege und natürlich insbesondere über die eines möglichen Krieges in Europa. Und ebenso urteilen wir moralisch über die Art der Kriegführung, wir finden also nicht, daß im Krieg alles erlaubt ist, wir nehmen moralisch Stellung zu dem, was man bezeichnenderweise Kriegsverbrechen nennt, wie Massaker an Zivilbevölkerung oder Racheakte an Kriegsgefangenen. Die Vorstellung, daß, wer unter bestimmten Bedingungen Krieg befürwortet, damit von vornherein den moralischen Standpunkt verläßt, ist ebenso einseitig wie die Vorstellung, daß der Pazifismus des ersten Typs die einzige moralische Haltung zum Krieg sei, ja, diese beiden Standpunkte entsprechen sich spiegelbildlich. Die beiden ernstzunehmenden Positionen sind die, die zwischen diesen beiden Extremen einander gegenüberstehen: der Pazifismus des zweiten Typs und die Auffassung, daß es moralisch berechtigte Kriege geben könne.

Es ist also diese Auffassung, daß ein Krieg moralisch berechtigt sein kann, die wir genauer untersuchen müssen, weil der Pazifismus des zweiten Typs als Ergebnis verstanden werden muß, daß alle Gründe, die man für die moralische Berechtigung von Kriegen anführen kann, nicht ausreichen. Welches sind die Kriterien, die für die moralische Berechtigung von

Kriegen angeführt werden? Es gibt darüber bei uns verbreitete Vorstellungen, aber wenig theoretische Diskussion, und das liegt daran, daß in der theoretischen Literatur über den Krieg in den letzten 200 Jahren tatsächlich jene andere Auffassung vom Krieg vorherrschend war, der zufolge der Krieg überhaupt außerhalb der Moral steht. Besonders in Deutschland dominierte eine rein »realpolitische« Vorstellung vom Krieg. Charakteristisch für diese Auffassung ist der Satz von Clausewitz: »Der Krieg ist eine bloße Fortsetzung der Politik mit anderen Mitteln.« In seinem berühmten Buch *Vom Kriege* kommen überhaupt keine moralischen Überlegungen vor. Das war früher anders. Es gibt eine lange theologische und philosophische Tradition, die von Augustin ausgeht und bis zu Hugo Grotius im 17. Jahrhundert fortgebildet wurde, die die Frage des »bellum iustum« zum Gegenstand hatte, also die Frage, wann ein Krieg gerecht ist oder, wie man es richtiger übersetzen sollte, wann ein Krieg berechtigt ist. Diese Tradition ist im 18. Jahrhundert abgerissen, aber seit dem 2. Weltkrieg in der angelsächsischen Philosophie und Theologie wieder aufgegriffen worden.[3] Die prominenteste Stellungnahme, die sich ganz auf diese Tradition des »bellum iustum« stützt, ist der Hirtenbrief über Krieg und Frieden der amerikanischen Bischofskonferenz vom Mai 1983, in dem ein Atomkrieg als mit den Prinzipien des bellum iustum unvereinbar kompromißlos abgelehnt wird.

Natürlich ist vieles in dieser Tradition des bellum iustum historisch bedingt und kann für uns heute nicht mehr maßgebend sein. Aber wenn wir heute versuchen, unsere eigenen

3 Vgl. u. a.: P. Ramsey, *War and the Christian Conscience,* Durham 1961; ders., *The Just War: Force and Political Responsibility,* New York 1968; W. O'Brien, *The Conduct of Just and Limited War,* New York 1981. Historisch wichtig: J. T. Johnson, *Just War Tradition and the Restraint of War: A Moral and Historical Inquiry,* Princeton 1981. Ich verweise noch auf die beiden Bücher von D. Fisher, *Morality and the Bomb,* London 1985, und A. Kenny, *The Logic of Deterrence,* Chicago 1985, die aus einem gemeinsamen Seminar hervorgegangen sind: Beide berufen sich auf die Grundsätze des »gerechten Krieges«, kommen aber bezüglich der atomaren Abschreckungsstrategie zu entgegengesetzten Ergebnissen.

Vorstellungen von einem berechtigten Krieg zu artikulieren, gelingt das am ehesten, wenn wir nicht von Null anfangen, sondern von der vorgegebenen Tradition ausgehen. Natürlich liegt es nahe, die Rede von einem bellum iustum als makaber zu empfinden. Wenn schon Krieg geführt werden muß, so könnte man fragen, warum diesem Schrecklichen dann auch noch einen moralischen Anstrich geben? Zweifellos handelt es sich um einen gefährlichen Begriff, der gegen Mißbrauch zur Rationalisierung anderer Kriegsmotive nicht gefeit ist. Dieser Begriff ist seiner Natur nach zweischneidig, indem er auf der einen Seite gegen den Pazifismus und zwar beide Formen des Pazifismus gerichtet ist, auf der anderen gegen den Krieg jenseits von Moral. Es ist wichtig zu sehen, daß es nur diese vier Positionen gibt. Wer es überhaupt unter irgendwelchen Bedingungen moralisch für geboten hält, zur Waffe zu greifen, kann es nur tun, indem er explizit oder implizit eine Konzeption von bellum iustum vertritt, und wer umgekehrt der Überzeugung ist, daß ein Krieg nicht zu rechtfertigen ist, kann es, wenn er nicht die erste Form des Pazifismus vertritt, nur tun, indem er zeigt, daß die Argumente für einen berechtigten Krieg entweder falsch oder heute nicht mehr anwendbar sind. Also kommen wir so oder so um eine Auseinandersetzung mit der Idee eines bellum iustum nicht herum.

Es sind zwei Komplexe, die in der Tradition der Theorie des gerechten Krieges erörtert werden. Der erste betrifft das sogenannte *jus ad bellum,* das Recht zum Krieg, das heißt die Frage, welche Gründe zum Eingehen eines Krieges berechtigen. Der zweite betrifft das *jus in bello,* d. h. die moralischen Regeln, die, wenn schon ein Krieg geführt werden muß, nicht verletzt werden dürfen.

Also zuerst der erste Komplex: Gibt es einen Grund, der zur Führung eines Krieges berechtigt? Es genügt für unsere Zwecke, von den Gesichtspunkten, die in der Tradition genannt wurden, uns auf die folgenden zwei zu beschränken: 1. Der positive Grund für den Krieg muß ein Schaden sein, der einem selbst oder gegebenenfalls einem Dritten von der anderen Seite zugefügt wurde oder werden soll; diese Bestimmung ist noch sehr offen, sie schließt aber wenigstens die angebliche

Moralität sog. heiliger Kriege aus, die mit der Begründung geführt werden, daß die anderen ungläubig sind oder das Böse repräsentieren. 2. Das Übel, das durch den Krieg in Kauf genommen wird, darf nicht so groß sein, daß es das Gut, das durch den Krieg erreicht oder erhalten werden soll, überwiegt. Es ist klar, daß dieses zweite Prinzip, das als Prinzip der Verhältnismäßigkeit bezeichnet wird, die möglichen positiven Gründe für die Bereitschaft, einen Krieg zu führen, sehr stark einschränken muß, besonders unter den Bedingungen eines modernen Krieges. So kommt es, daß in der zeitgenössischen Diskussion über die Frage des Rechts zum Krieg eine Tendenz besteht, als einzigen Rechtsgrund den der Verteidigung gegen einen Aggressor gelten zu lassen. Die Auffassung, der zufolge die Unterscheidung zwischen berechtigtem und unberechtigtem Krieg sich geradezu reduzieren läßt auf die Unterscheidung zwischen Verteidigungs- und Angriffskrieg, ist wohl die gängige Auffassung, die heute nicht nur von vielen Moraltheoretikern vertreten wird, sie ist auch in verschiedene völkerrechtliche Abkommen, auch in die UN-Charta eingegangen, sie hat dazu geführt, daß seit dem Ende des Zweiten Weltkriegs die Kriegsministerien in Verteidigungsministerien umbenannt wurden, und sie bestimmt weitgehend die politische Rhetorik. Muß man diese Einschränkung nicht begrüßen? Erstens erscheint die Verteidigung einer Nation in Analogie zur Notwehr eines Individuums wirklich moralisch berechtigt, zweitens könnte man denken: wenn sich alle an dieses Prinzip halten würden, würde es keine Kriege mehr geben.

Aber teilweise wirkt sich dieses Prinzip gerade umgekehrt aus. Das Recht auf Verteidigung kann der Rationalisierung von vorhandenen Aggressivitäten dienen und führt zu Feindbildprojektionen. Die Berufung auf dieses Recht hat, wo Nationen oder Gruppen von Nationen sich mißtrauisch gegenüberstehen, eine beiderseitige Aufrüstung zur Folge, und wenn diese einmal stattgefunden hat und eine sich wechselseitige hochschaukelnde Krisensituation entsteht, ist es entweder gar nicht mehr möglich festzustellen oder fast belanglos, wer den ersten Schuß abgibt. Gewiß gibt es Fälle, wo sich relativ eindeutig feststellen läßt, welche Seite der Aggressor war – das ist aber wohl fast nur dort der Fall, wo keine wechselseitige Bedrohung stattgefunden hat, und deswegen vor allem da, wo die eine Seite die sehr viel schwächere ist, wie bei den Überfällen auf die Tschechoslowakei 1939 und 1968 oder beim Überfall der USA auf Grenada. Im Normalfall aber und allemal in unserem eigenen Fall bei der Konfrontation zwischen Nato und Warschauer Pakt (jedenfalls so wie die militärische Konstellation heute aussieht) ist die Berufung auf das Recht auf Selbstverteidigung in Wirklichkeit eine ideologische Täuschung, die um so schlimmer ist, als so viele ehrlich an sie zu glauben scheinen.

Was übrigbleibt im Sinn eines möglicherweise moralischen Grundes für die Bereitschaft der Kriegführung ist das, was in der politischen Rhetorik unter dem Stichwort der Erhaltung unserer Freiheit läuft. Wenn wir uns z. B. in die Rolle eines Soldaten der Bundeswehr versetzen, der sich nichts vormacht, heißt das dann konkret: Obwohl er weiß, daß die Kriegsmaschinerie, deren Teil er ist, ebenso aggressiv wie defensiv ist, und obwohl er damit rechnen muß, daß, wenn es zum Krieg kommt, dieser mehr von der eigenen als von der anderen Seite verursacht sein mag, worauf er selbst nicht den geringsten Einfluß haben wird, hält er die Beteiligung am Krieg gleichwohl für moralisch berechtigt, um das eigene politische System zu erhalten. Wir müssen also, meine ich, die zwei Komponenten, die in der üblichen politischen Rhetorik verbunden werden, auseinandernehmen: das Recht auf Verteidigung und das Recht auf die Erhaltung des eigenen politischen Systems, auf politische Autonomie, auf ein gerechtes System, gegen Unterdrückung. Wie unabhängig beide Gesichtspunkte voneinander sind – der formelle Gesichtspunkt der kollektiven Selbstverteidigung und der inhaltliche Gesichtspunkt des Rechts auf Widerstand gegen Unterdrückung –, zeigt der Fall des inneren bewaffneten Aufstands gegen ein Unrechtsregime.

Wenn man sich nun fragt, ob die Abwehr von Unterdrückung ein moralisch ausreichender Grund für die Bereitschaft ist, einen inneren oder äußeren Krieg zu führen, so wird man das wohl bejahen, freilich nur unter einer Reihe von Bedingungen: erstens wenn alle anderen Mittel versagen (und es ist schwer, das festzustellen), zweitens wenn man glaubt, daß das vorhin erwähnte Prinzip der Verhältnismäßigkeit das zuläßt, drittens wenn sich dieser Tatbestand der Abwehr von Unterdrückung überhaupt klar eingrenzen läßt. Was diesen dritten Punkt betrifft, frage ich nur, ob er auf uns zutrifft. Wieweit ist die Berufung auf das Recht zur Kriegführung innerhalb des westlichen Paktsystems zur Vermeidung der politischen Unterdrückung konsistent? Es ist als moralisches Prinzip erstens inkonsistent, solange wir diktatorische Regime auch innerhalb unseres eigenen Paktsystems zulassen und stützen, und es ist zweitens inkonsistent, schon eine mögliche Abhängigkeit, geschweige denn direkte Unterdrückung durch die Sowjetunion als ein so großes Übel anzusehen, daß es einen Krieg rechtfertigt, wenn man gleichzeitig nicht bereit ist, an der Unterdrückung der osteuropäischen Völker durch die Sowjetunion zu rütteln. Diese Inkonsistenzen werden übertüncht durch die Verbindung und damit auch Einschränkung des Rechts auf politische Autonomie mit dem Recht auf Verteidigung, das zwar in sich legitim scheint, aber gewiß nicht in der überdehnten Form, in der es bei uns ausgebildet ist. Ein Recht zur Vorbereitung auf Verteidigung scheint nur legitim, wenn erstens eine Absicht der Gegenseite zu einem Angriff erkennbar ist und wenn zweitens die Verteidigungsvorbereitung von einer Art ist, die nicht ihrerseits von der Gegenseite offensiv interpretierbar ist. Die bei uns gängige Vorstellung vom moralischen Recht auf Beteiligung am Aufbau einer gegen die Sowjetunion gerichteten Kriegsmaschinerie enthält also berechtigte Teilelemente, die aber in ihrem Zusammenhang undurchdacht sind und daher im ganzen nicht konsistent scheinen.

Kommen wir jetzt zu dem zweiten von der Tradition hervorgehobenen Gesichtspunkt, dem der Verhältnismäßigkeit, so kann man zweifeln, ob es irgendwelche Ziele geben kann, mit Bezug auf die ein Krieg, wie er, auch wenn er konventionell bliebe, bei der jetzt auf beiden Seiten aufgebauten Kriegsmaschinerie aussehen würde, noch dieses Kriterium erfüllen könnte. Die Rede von einer Verhältnismäßigkeit zwischen den Kosten an Leid und Zerstörung eines Krieges mit Bezug auf sei es die Erhaltung, sei es die Durchsetzung einer politischen Ordnung wirkt ohnehin leicht absurd, sie ist aber unvermeidlich, z. B. auch für die, die sich zu einem inneren bewaffneten Aufstand entschließen. Bezogen auf unsere eigene Situation in Mitteleuropa stellt sich aber die Frage, ob die Zerstörung nicht so total wäre, daß von der politischen Ordnung ohnehin nichts übrigbliebe. Ich glaube, daß das heute von den meisten in Wirklichkeit anerkannt wird, die Argumentation läuft dann aber so, daß wir nur durch den Aufbau dieser gewaltigen Kriegsmaschinerie gewährleisten können, daß es zum Krieg gar nicht kommen wird. Das würde heißen, daß nicht der Krieg, sondern nur die Drohung mit dem Krieg moralisch berechtigt erscheint. Auch im konventionellen Bereich scheint sich alles auf die Idee der Abschreckung zu konzentrieren. Es wäre also die Abschreckung durch die Bereitschaft zum Krieg, nicht der Krieg selbst, was moralisch gerechtfertigt wäre. Aber ein solches Argument ist im konventionellen Bereich ebenso problematisch wie im atomaren. Wer mit etwas droht, muß bereit sein, es auch zu realisieren, und wenn eine Form der Kriegführung moralisch nicht zu rechtfertigen ist, ist es die Drohung mit ihr ebensowenig. Außerdem ist es, wie sich schon beim Problem des Verteidigungskrieges gezeigt hat, im allgemeinen eine Täuschung, daß die erhöhte Kriegsbereitschaft den Ausbruch eines Krieges weniger wahrscheinlich macht.

Dieser zweite Gesichtspunkt innerhalb des Rechts zum Krieg, der der Verhältnismäßigkeit der Mittel, leitet schon über zu dem anderen Komplex der traditionellen Diskussion über den berechtigten Krieg, das Recht im Krieg. Hier lautet das allgemeine Prinzip: Selbst wenn die Ziele eines Krieges moralisch gerechtfertigt sind, ist er unmoralisch, wenn er mit moralisch unzulässigen Mitteln geführt wird. Dieses Prinzip ist seinerseits ein spezieller Fall des allgemeinen moralischen Prinzips, daß das Ziel nicht die Mittel heiligt. Dieses Prinzip hat eine große Plausibilität, obwohl es vielleicht nicht so absolut gilt, wie manche Leute meinen. Die meisten von uns sind jedoch dieser Meinung, daß es gewisse Handlungen wie z. B. die Folter gibt, die moralisch schlechterdings unzulässig sind, auch wenn sie zur Vermeidung eines großen Übels eingesetzt werden.

Es gibt nun eine Reihe von Verboten von Kriegshandlungen, die sich in der Tradition des bellum iustum herausgebildet haben und die auch in mehreren völkerrechtlichen Verträgen der letzten Jahrzehnte festgehalten sind. Ich beschränke mich hier auf den wichtigsten Punkt, das Verbot eines direkten Angriffs auf die Zivilbevölkerung. Diesem Verbot kommt eine eminente Bedeutung zu in allen Versuchen, den Nuklearpazifismus moralisch zu begründen. Auch der Hirtenbrief der amerikanischen Bischofskonferenz gründet seine Ächtung des Atomkrieges auf dieses Prinzip. Wie ist es seinerseits begründet? Bei der ersten Form des Pazifismus hat sich gezeigt, daß das Tötungsverbot nicht ausnahmslos gilt, aber es ist doch genauso klar, daß die Bedingungen, die es gestatten oder sogar gebieten, sich darüber hinwegzusetzen, sehr restriktiv sind. Wir sind moralisch berechtigt oder sogar verpflichtet, jemanden, der Unschuldige unterdrückt oder überfällt, zu töten, wenn wir ihm nicht anders Einhalt gebieten können, und eben darauf konzentriert sich das Recht zum Krieg. Daraus folgt dann aber, daß wir im Krieg nur diejenigen angreifen dürfen, die selbst angreifen oder unterdrücken oder Instrumente des Angriffs oder der Unterdrückung sind. Es wäre, um es wieder am Einzelfall zu veranschaulichen, moralisch unzulässig, jemanden von einer Gewalttat dadurch abzuhalten, daß wir seine Kinder als Geiseln nehmen und ihn damit erpressen, daß wir ihnen ein Leid antun.

Es sind nun Einwände erhoben worden gegen dieses strikte Verbot des direkten Angriffs auf Zivilbevölkerung. Der eine Einwand lautet: Moderne Kriege sind totale Kriege. Aber die Rede vom totalen Krieg ist mehrdeutig. Ist damit gemeint, daß man die Mittel hat, die gegnerische Nation total zu zerstören, so ist das natürlich wahr, aber ob man das moralische Recht hat, die Mittel in dieser Form anzuwenden, ist ja gerade die Frage. Ein anderes Verständnis vom totalen Krieg besagt, daß es in modernen Kriegen das ganze Volk ist, das den Krieg unterstützt. Meint man damit »moralisch unterstützt«, und meint man, also sei man berechtigt, auch die Zivilbevölkerung zu bestrafen? Aber Vergeltung ist keine moralisch zu rechtfertigende Zielsetzung. Meint man hingegen »wirtschaftlich unterstützt« und daß es in diesem Sinne das ganze Volk ist, das Krieg führt, so ist es richtig, daß hier eine gewisse Grauzone besteht, wo man nicht mehr scharf zwischen Kombattanten und Nichtkombattanten unterscheiden kann. Aber es ist pervers zu meinen, daß, wenn man nicht eine scharfe Linie ziehen kann – und wo kann man das schon in moralischen Fragen? –, die Unterscheidung als solche nicht besteht.

Schwieriger finde ich den zweiten Einwand. Er weist darauf hin, daß es in einem modernen Krieg ohnehin unmöglich ist, zu vermeiden, daß auch die Zivilbevölkerung in Mitleidenschaft gezogen wird. Das wird von denjenigen, die den direkten Angriff auf Zivilbevölkerung ausschließen, zugegeben, es sei jedoch zu unterscheiden zwischen direktem und indirektem Angriff. Man beruft sich hier auf das Prinzip, das als Prinzip des doppelten Effektes bezeichnet wird.[4] Man kann bei jeder Handlung unterscheiden zwischen dem, was der Handelnde direkt beabsichtigt, sei es als Zweck oder auch als Mittel (das ist der eine Effekt), und den voraussehbaren Nebenwirkungen (das ist der andere Effekt). Auf unseren Fall angewandt heißt das: Es ist zu unterscheiden, ob wir in einem Krieg Zivilisten gezielt töten, sei es aus purer Grausamkeit, sei es als Mittel, um beim Gegner etwas zu bewirken, oder ob wir, indem wir militärische Ziele angreifen, wissen, daß das auch tödliche Nebenwirkungen für Zivilisten haben wird. Man könnte dazu neigen, diese Unterscheidung für sophi-

4 Das Prinzip ist umstritten. Es wird verteidigt u. a. von E. Anscombe in »War and Murder« und »Mr. Truman's Degree« (in: Anscombe, *The Collected Philosophical Papers,* Oxford 1981, S. 51 ff. und S. 62 ff., vgl. besonders S. 58 ff.) und von Th. Nagel in »War and Massacre« (in: Nagel, *Mortal Questions,* Cambridge 1979, S. 53-75) und in »Agent-Relative Morality« (in: James P. Sterba, Hrsg., *The Ethics of War and Nuclear Deterrence,* Belmont 1985, S. 15 ff.). Bestritten wird es von J. Bennett in »Whatever the Consequences«, in: *Analysis,* Bd. XXVI (1985/86), S. 83-102, sowie in »Morality and Consequences« (in: Sterba, Hrsg., a. a. O., S. 23 ff.). Vgl. auch Fisher, a. a. O., 3. Kapitel.

stisch zu halten, aber ich meine, sie besteht schon: Es ist ein moralisch signifikanter Unterschied, ob wir etwas wollen oder es als Nebenwirkung von etwas, was wir wollen, in Kauf nehmen. Nehmen wir zur besseren Veranschaulichung des Unterschiedes an, daß eine Truppe im eigenen Land kämpft: Sie kommt nicht umhin, auch die eigene Zivilbevölkerung in Mitleidenschaft zu ziehen, aber sie wird sich bemühen, auch unter Inkaufnahme eigener Risiken, die Verluste der Zivilbevölkerung so gering wie möglich zu halten. Man kann dieses Bemühen, die unvermeidlichen Nebeneffekte gering zu halten, geradezu als Indiz dafür ansehen, daß man sich des Prinzips des doppelten Effekts bewußt ist.[5] Daß die Nebeneffekte ungewollt sind, zeigt sich darin, daß man versucht, sie zu vermeiden, auch wenn man sie nicht ganz vermeiden kann. Wir würden nicht sagen, daß die Truppe die Zivilisten, die auf diese Weise getötet wurden, ermordet hat wie im Fall der gezielten Tötung.

Aber auch hier gibt es Grauzonen. Das wird gerade im Zusammenhang mit einem Atomkrieg deutlich, mit Bezug auf den diesen Unterschieden solches Gewicht beigemessen wurde. Das Prinzip des Verbots des direkten Angriffs auf die Zivilbevölkerung reicht zwar aus für die Ächtung der klassischen atomaren Abschreckungsdoktrin: Diese bedeutet die Drohung mit und damit die Bereitschaft zum Massenmord. Aber wie ist es, wenn in einem sogenannten begrenzt sein sollenden Atomkrieg die Atombomben lediglich auf militärische Ziele geschossen werden und dabei alles unternommen wird, um die Nebeneffekte auf die Zivilbevölkerung möglichst gering zu halten, indem möglichst genaue Raketen und möglichst kleine Atombomben verwendet werden? Die Nebeneffekte werden gleichwohl von so monströsem Umfang sein, daß man sich fragt, ob man noch von Nebeneffekten sprechen kann. Wirkt es hier nicht wie Hohn, die Achseln zu zucken und sich auf das Prinzip des doppelten Effektes zu berufen?

Auch hier hat jedoch die traditionelle Theorie des bellum iustum eine Antwort parat. Während die direkte Tötung von

5 Vgl. M. Walzer, *Just and Unjust Wars*, New York 1977, S. 151 ff.

Zivilbevölkerung schlechthin unzulässig ist, darf die, die als Nebenwirkung in Kauf genommen wird, zumindest nicht unverhältnismäßig sein. Und man kann gewiß sagen, daß die, die durch Atombomben verursacht wird, allemal unverhältnismäßig ist. Aber die Rede von Unverhältnismäßigkeit zeigt, daß es sich um ein quantitatives und subjektives Prinzip handelt. Wer entscheidet darüber, wo das Ausmaß unerträglich wird? Jeder einzelne. Moralische Fragen, wo sie kompliziert werden, können uns von keiner objektiven Instanz abgenommen werden. Daß es sich um moralische Fragen handelt, kann man nicht bestreiten. Deswegen kann man dieser Unsicherheit nicht dadurch entgehen, daß man nach oben ausweicht und sagt: Alles ist erlaubt. Wer meint, daß wir eine klar vorgegebene Grenze brauchen, die keinen Ermessensspielraum zuläßt, kann sie nur nach unten verlegen, indem er die Unterscheidung, die durch das Prinzip des doppelten Effekts gemacht wird, verwirft. Wer das tut, muß von vornherein jeden Krieg, mindestens jeden Krieg unter modernen Bedingungen, ausschließen. Er bezieht also eine rigoros pazifistische Position, aber dieser Pazifismus unterscheidet sich von dem des ersten Typs, weil er sich nicht auf ein absolutes Verständnis des Tötungsverbots oder eine passivische Moralkonzeption stützt, sondern auf die Zurückweisung des Prinzips des doppelten Effekts, dieses Schlupflochs der Theorie vom gerechten Krieg. Der Pazifismus, mit dem wir es hier zu tun haben, lehnt allen Krieg ab, nicht weil alles Töten von vornherein ausgeschlossen wird, sondern weil das Töten Unschuldiger unzulässig erscheint (die Rede von »Unschuldigen« wird in diesem Kontext leicht mißverstanden; gemeint sind einfach diejenigen, die nicht selbst Angreifer sind): Jeder moderne Krieg führt zum Tod Unschuldiger, und für diesen Pazifismus ist der Tod eines Unschuldigen bereits zuviel.

Dieser Pazifismus steht freilich dem Pazifismus des ersten Typs insofern sehr nahe, als auch er einen bestimmten Typ Handlung von vornherein und absolut ausschließt und jedes Abwägen zwischen gewollten Zielen und ungewollten Konsequenzen ablehnt. Deswegen kann man auch ihn gesinnungsethisch nennen; um seine Nähe zum Pazifismus des ersten

Typs anzuzeigen, will ich ihn als Typ 1a bezeichnen. Scharf unterschieden von diesem Typ 1a ist die Position, die ich am Anfang als Pazifismus des zweiten Typs bezeichnet habe. Der Pazifismus des zweiten Typs erkennt die Unterscheidung, die mit dem Prinzip des doppelten Effekts gemacht wird, an, kommt aber zu dem Ergebnis, daß das Ausmaß an Leid und Verwüstung, das ein moderner Krieg mit sich bringt, in keinem vertretbaren Verhältnis zu irgendeinem Ziel steht, für das ein Krieg noch geführt werden könnte. Im Unterschied zum Pazifismus des ersten Typs ergeben sich sowohl der Pazifismus des Typs 1a als auch der des zweiten Typs aus der Auseinandersetzung mit der Theorie des gerechten Kriegs, der Pazifismus 1a in der Weise, daß er eine Unterscheidung, die in der Theorie des gerechten Krieges gemacht wurde, die des doppelten Effekts, verwirft, der Pazifismus 2 hingegen so, daß er gerade einen der Grundsätze der Theorie vom gerechten Krieg sehr ernst nimmt, den Grundsatz, daß die mit einem Krieg in Kauf genommenen Übel in einem vertretbaren Verhältnis zu seinem Ziel stehen müssen. Ich habe bei der Erörterung dieses Grundsatzes schon darauf hingewiesen, daß er unter heutigen Bedingungen fast zwangsläufig zu dem Ergebnis führt, daß ein Krieg, bei dem die Übel, die er mit sich bringt, noch in einem vertretbaren Verhältnis zu seinem Ziel steht, kaum noch denkbar ist. Verschärft man dieses »kaum« zu einem schlichten »nicht«, dann haben wir auch hier eine klar pazifistische Position. Weil jedoch diese Position eine abwägende, verantwortungsethische und nicht eine rigoristische ist, wird man wohl sagen müssen, daß diese Position für Ausnahmen offen ist. So könnte man sich denken, daß Menschen, die mit dieser Begründung grundsätzlich pazifistisch sind, zur Kriegführung dann bereit wären, wenn die Kriegsmaschinerie im Sinne einer strikt defensiven Verteidigung umgebaut würde, wodurch erstens das Konzept eines Verteidigungskrieges wieder einen Sinn bekäme und zweitens die Auswirkungen auf die Zivilbevölkerung zumindest reduziert würden.

Der Pazifismus dieses Typs läßt sich also schärfer oder schwächer fassen, und wo er schwächer gefaßt ist, wo er unter bestimmten Bedingungen Ausnahmen zuläßt, könnte man darüber streiten, ob man die Position noch als Pazifismus bezeichnen soll.

So ergibt sich hier eine ganze Skala von Positionen. Diejenigen, die sich in der Friedensbewegung engagieren, müssen sich überlegen, welche dieser Positionen sie versuchen wollen und können, mehrheitsfähig zu machen. Die Anerkennung dieser Unterscheidungen müßte auch zur Forderung einer vollständigen Revision des Rechts auf Kriegsdienstverweigerung führen. Dieses Recht ist bisher ausschließlich auf den Pazifismus des ersten Typs bezogen, was sich daran zeigt, daß es üblich ist oder jedenfalls war, von den Wehrpflichtigen, die ihre Ablehnung des Krieges aus Gewissensgründen anerkannt haben wollten, die Erklärung zu verlangen, daß sie auch in individueller Notwehr nicht bereit wären, zu töten. Der prinzipielle Pazifismus des Typs 1a muß als gleichrangig anerkannt werden, und ebenso der verantwortungsethische Pazifismus des zweiten Typs. Da nun dieser noch für Ausnahmen offen ist, muß darüber hinaus ein selektives Recht auf Kriegsdienstverweigerung gefordert werden, wie das auch die amerikanische Bischofskonferenz getan hat. Wenn es so etwas gibt wie ein bellum iustum und d. h. insbesondere ein bellum iniustum, wenn man zugibt, daß das eine moralische Frage ist, kann man sie nicht nur dem Staat überlassen. Der Staat, auch der demokratische Staat, hat kein Recht, den einzelnen zur Beteiligung an einem Unternehmen zu zwingen, das dieser für verbrecherisch hält. Die Heilbronner Erklärung von Grass und anderen, die zur Kriegsdienstverweigerung unter den jetzigen offensiven Kriegsvorbereitungsbedingungen aufruft, setzt diese Überzeugung voraus, daß das Recht auf Kriegsdienstverweigerung ein selektives sein muß.

Zurück zur Frage, welche der genannten Positionen die Friedensbewegung versuchen könnte, mehrheitsfähig zu machen. Hier ist die Frage, ob eine rein moralische Position überhaupt eine Chance hat, mehrheitsfähig zu werden. Obwohl alle Positionen, die zur Frage von Krieg und Frieden eingenommen werden, sich rhetorisch als moralische darstellen, muß man doch bezweifeln, daß es die Abwägung der moralischen Faktoren ist, die für ein Kollektiv letztlich handlungsmotivierend ist, oder nicht vielmehr die rational-egoistische Abwägung dessen, was im wohlverstandenen Eigeninteresse des Kollektivs ist. Ich will und kann hier nichts darüber sagen, wie sich die handlungsmotivierenden Gewichte dieser zwei Erwägungsarten – der moralischen auf der einen Seite und der rationalen in diesem Sinn auf der anderen Seite – zueinander verhalten. Das einzige, was ich zum Abschluß noch versuchen kann zu klären, ist, wieweit es zu den verschiedenen Varianten des moralischen Pazifismus, die sich jetzt ergeben haben, Entsprechungen auf der Seite des rationalen kollektiven Eigeninteresses gibt.

Wir haben es mit vier Formen von Pazifismus zu tun, den beiden gesinnungsethischen Positionen 1 und 1a, dann der verantwortungsethischen Position 2, die nicht mehr absolut pazifistisch ist, sondern offen für Ausnahmen, und schließlich gibt es eine vierte Position, die des Nuklearpazifismus, die natürlich überhaupt nicht im eigentlichen Sinn als pazifistisch zu bezeichnen ist und nur darin besteht, daß sie die Verwendung von oder Drohung mit Atomwaffen absolut ausschließt.

Es ist leicht zu sehen, daß es für die beiden ersten, die rigorosen Formen des Pazifismus keine Entsprechung auf der Ebene des kollektiven Eigeninteresses geben kann. Denn diese beiden Positionen besagen ja, daß es keine noch so große Bedrohung des Kollektivs geben kann, die es rechtfertigen könnte, in dem einen Fall überhaupt zu töten, in dem anderen Fall den Tod Unschuldiger in Kauf zu nehmen. Diese beiden Positionen sind also überhaupt nur als moralische denkbar.

Ganz anders beim Pazifismus des zweiten Typs. Auch hier sind zwar Situationen denkbar, wo die Argumentation nur moralisch sein kann. Das ist dann der Fall, wo eine größere Macht ein kleineres Land überfällt und die zerstörerische Wirkung des Krieges nicht das eigene Land betrifft. Als Beispiele kann man an die US-Intervention in Vietnam oder den Einmarsch Israels in den Libanon denken; bezeichnenderweise argumentierten die Friedensbewegungen in den USA und in Israel, die gegen diese Kriege protestierten, fast ausschließlich moralisch. Wenn wir hingegen an unsere eigene Situation in Europa denken oder allgemeiner an alle Fälle, wo sich zwei vergleichbare Militärapparate gegenüberstehen und damit zu rechnen ist, daß die Verwüstung auch das eigene Land betreffen wird, läßt sich das moralische Argument durch ein analoges, aber nunmehr auf das kollektive Eigenwohl gerichtetes Argument ergänzen oder sogar ersetzen. Man beurteilt dann weder das Ziel des Krieges noch den Krieg selbst moralisch, sondern der Beurteilungsgesichtspunkt ist, was für uns das größere Übel ist. Es steht jetzt Angst gegen Angst, und die Frage ist, welche Angst die realitätsangemessenere ist. Dieser kollektiv-egoistische Gegenpart der dritten moralisch-pazifistischen Position wird an die berechtigte Angst vor dem Ausmaß an Leid und Zerstörung appellieren, das ein auch nur konventionell geführter moderner Krieg über uns alle bringen würde und kaum noch etwas übrigließe, was wir zu verteidigen hätten. Dieser verantwortungsethische Pazifismus, der gegebenenfalls Ausnahmen unter besonderen Voraussetzungen zuläßt, deckt sich also im Effekt wenigstens in einer Situation wie der unsrigen mit einer analog argumentierenden, lediglich auf die Verantwortung für das eigene Kollektiv ausgerichteten Haltung.

Kommen wir schließlich zum Nuklearpazifismus. Hier, meine ich, reicht die moralische Argumentation sogar weniger weit als die, die aufs kollektive Eigeninteresse bezogen ist. Worauf sich die moralische Argumentation gegen Atomwaffen stützt, ist die moralische Verwerflichkeit des direkten Angriffs auf Zivilbevölkerung. So gesehen steht die Verwendung von Atomwaffen in einer Linie und so letztlich auf derselben Ebene wie die nichtatomare Bombardierung von Zivilbevölkerung. Gewiß, auch so gesehen ist es schlimm genug, denn das eine wie das andere ist Massenmord. Und doch wird sogar mit dem Begriff des Massenmordes der einzigartige Schrecken, den der Gedanke an einen Atomkrieg in uns auslöst, noch verharmlost. Diese Einzigartigkeit liegt in der im Einsatz von Atomwaffen angelegten Eskalation zum kollektiven Selbstmord der Menschheit. Vor dem Ausblick auf den eigenen qualvollen Tod als Bestandteil des qualvollen Endes der ganzen Menschheit scheint die Unterscheidung zwischen Moral und Eigeninteresse zu versagen. Wer sich aber in das

Gefühl vertieft, das dieser Schrecken in uns erzeugt, wird, glaube ich, feststellen, daß es kaum noch mit moralischen Gefühlen vergleichbar ist; es ist dieselbe elementare Angst, die wir vor dem eigenen qualvollen Tod empfinden, die sich ins Äußerste steigert, wenn der eigene qualvolle Tod ein Teil des allgemeinen qualvollen Untergangs ist.

Das Ergebnis meines Vortrags mag enttäuschen. Ich habe die moralischen Argumente erörtert, die gegen Krieg und Nuklearkrieg sprechen, und komme zu dem Ergebnis, daß nicht sie es sind, die den Ausschlag geben. Aber für die Friedensbewegung ist es nicht enttäuschend, wenn wir wissen, daß wir uns auf nichts Höheres berufen müssen, sondern nur auf das rechtverstandene Eigeninteresse. Aber auch das gelingt offenbar nicht. Und ich gebe zu, daß es ein schwacher Trost ist, zu wissen, daß die Menschheit nicht an ihrem Mangel an Moral untergehen wird, sondern an ihrem Mangel an Vernunft.

Keine Angst vor dem Atomkrieg?

Am 6. August 1945 wurde zum erstenmal eine sogenannte Atombombe über einer bevölkerungsreichen Stadt abgeworfen – Hiroshima. Es war nicht etwa ein Zufall, sondern der Befehl des Präsidenten der USA. Das Grauen dieses Tages und der nächstfolgenden ist bekannt, wenn Bekanntsein heißt: man weiß es. Denn kaum jemand vermag sich etwas davon bleibend vorzustellen. Die wenigen, die eine konkrete Schilderung gelesen haben, vergessen bald wieder die Details. Dabei sterben noch jetzt jedes Jahr viele Menschen an den Folgen.

Präsident Truman hat den Abwurf dieser Bombe damit begründet, daß sie den Krieg beenden sollte. Eine neuartige Art, einen Krieg zu beenden. Selbst wenn die Begründung gestimmt hätte[1] und selbst wenn sie gerechtfertigt wäre, gibt sie keine Antwort auf die Frage, warum der amerikanische Präsident drei Tage danach den Befehl gab, eine weitere Bombe über einer anderen bevölkerungsreichen Stadt Japans abzuwerfen – Nagasaki.

Seither wissen wir, daß es dieselbe neuartige Art gibt, einen Krieg zu beginnen. Zu beginnen? Der Anfang und das Ende dieses »Krieges« werden voraussichtlich nur ein einziges Ereignis sein. Die Zahl und die Zerstörungsgewalt dieser »Bomben« – warum müssen wir für dieses neue Phänomen ein altes Wort verwenden? – haben sich in unvorstellbarem Maß erhöht. Sie dienen, so heißt es, zur wechselseitigen Abschreckung. Und viele meinen tatsächlich: daß die wechselseitige Abschreckung »funktioniere«, werde dadurch bewiesen, daß wir bisher 40 Jahre auf den Atomkrieg warten und er immer noch

1 Es scheint erwiesen, daß der primäre Grund für den Einsatz der Atombomben der Versuch der USA war, die Sowjetunion aus dem fernöstlichen Krieg herauszuhalten. Vgl. David Horowitz, *Kalter Krieg*, Berlin 1969, Bd. I., S. 45-48.

nicht eingetroffen ist; was bisher nicht passiert ist, wird auch in Zukunft nicht passieren. Diese wenig fundierte Meinung hat den Vorteil, daß diejenigen, die sich auf sie verlassen, ihre Widerlegung nicht mehr bei Bewußtsein oder jedenfalls nicht mehr bei normalem Bewußtsein erleben werden.

Richtig ist vielmehr, daß, wie Günther Anders es ausdrückte, die Menschheit seit dem 6. August 1945 in einer neuen Epoche lebt, die ihre letzte ist. Es ist nunmehr technisch möglich und so auch menschlich wahrscheinlich, daß wir uns nicht nur einzeln oder völkerweise, sondern im Ganzen vernichten, und zwar ein für allemal, und mit uns die ganze Erde. Wir wissen heute oder können es wissen, daß die Zeit nicht immer weitergehen wird. Jeder kann sich sagen: Wenn es meine eigene Generation nicht mehr treffen sollte, dann meine Kinder.

Ist das Schwarzmalerei? Muß, was technisch möglich ist, auch politisch wahrscheinlich werden? Viele sagen: »Niemand wird doch so verrückt sein.« Aber welche technische Verrücktheit hat es bisher gegeben, die, wenn sie möglich war, nicht verwirklicht wurde? Wir haben bisher keine Verfahren entwickelt, etwas, das technisch machbar ist, zu verhindern. Bisher mußten wir es nicht. Jetzt müßten wir es, wenn die Menschheit überleben soll.

Es geschieht trotzdem nicht. Ein Umdenken über die grundsätzlich neuen Formen der Politik, die heute erforderlich wären, findet nicht statt. So wird die Menschheit wahrscheinlich daran zugrunde gehen, daß sie sich offenbar von den politischen Denk- und Verhaltensformen nicht lösen kann, die zu einer technischen Umwelt paßten, welche der Vergangenheit angehört.

Nach wie vor bleiben die Politiker und bleiben auch die meisten anderen Menschen der Vorstellung von einer Stabilität durch Gleichgewicht der Macht verhaftet, verbunden mit der Hoffnung oder dem Kalkül, die andere Seite zu übervorteilen. Die Rechnung kann nicht aufgehen, wenn die technischen Mittel der Macht, des Gleichgewichts und der Übervorteilung Waffen von nicht mehr begrenzter Zerstörungskraft sind.

Es ist die traditionelle Machtpolitik als solche, die im Atomzeitalter überwunden werden müßte, und das zeigt, wie groß die Aufgabe ist, vor der wir stehen. Daß es keine ernsthaften Versuche in dieser Richtung gibt (eine Patentlösung gibt es ohnehin nicht), liegt daran, daß kurzfristige Interessen gegen alle Vernunft über die mittel- und längerfristigen Interessen gestellt werden. Dies natürlich vor allem von jenen, die die Inhaber der Macht sind.

Und doch machen wir es uns zu leicht, wenn wir die Ursachen des gegenwärtigen Wahnsystems, das in die Katastrophe führt, ausschließlich im militärisch-industriellen Komplex und seinem politischen Überbau suchen. Auch dieser Komplex besteht aus Menschen, und auch diese Menschen haben Kinder. Sie stellen ihre kurzfristigen Interessen auch über ihre eigenen wohlverstandenen längerfristigen Interessen, und das können sie nur, weil sie die längerfristige Perspektive – die auf diese Weise unvermeidliche atomare Katastrophe – vor sich selbst verleugnen, verdrängen oder jedenfalls verharmlosen. Die daraus resultierende Politik können sie aber nur durchsetzen, weil auch wir übrigen – wir alle, wenn auch die einen mehr, die anderen weniger – das voraussehbare Ereignis ebenfalls verdrängen oder verharmlosen.

Jeder einzelne sagt sich, sofern er die bevorstehende Realität nicht ganz verdrängt: »Was kann ich als einzelner schon tun?«, und so zieht er es vor, die Augen wieder zu schließen und weiter vor sich hin zu leben, als ob wir uns nicht in diesem Boot befänden, das immer rascher in den Abgrund steuert, sondern auf festem Boden. Dabei wissen wir doch, daß viele einzelne, wenn sie die Augen wirklich offen hielten und es wirklich viele wären, eine Masse bilden würden, die aufstehen und die Inhaber der Macht zwingen könnte, die rasende Fahrt anzuhalten. Hoffnungsvolle, aber immer noch viel zu schwache Ansätze in dieser Richtung in den Jahren 1981 bis 1983 haben gezeigt, daß das an sich nicht unmöglich wäre.

Es fehlt, heißt es, der Mut zur Angst. Gewiß, aber wenn die Angst nicht von selbst vorhanden ist, wenn es zur Angst erst Mut bedarf, steht es nicht gut. Wo ein Volksaufstand vonnöten wäre, fruchten moralische Appelle wenig, und der einfache Tatbestand ist, daß wir die Angst in diesem Fall nicht in ausreichendem Maße haben. Angst ist der die Gefahren anzeigende, das Überleben sichernde Gefühlsfaktor, und verständlicherweise hat uns die Natur mit diesem lebenserhaltenden Faktor nicht in einer Form ausgestattet, die den neuartigen Gefahren des Atomzeitalters, die vom Evolutionsprozeß nicht zu antizipieren waren, angepaßt ist.

Ausreichende Angst, um Handlungen in Gang zu setzen, die dazu führen, eine Gefahr zu vermeiden oder abzuwenden, scheint bei uns nur da zu bestehen, wo wir ein Übel körperlich spüren oder mit unseren Augen sehen wie Hunger oder Feuer. Wo die Gefahr hingegen nur mit den Augen des Geistes wahrzunehmen ist und noch dazu, wie in diesem Fall, ein Ereignis betrifft, das in diesem Ausmaß noch nie eingetreten ist, nehmen wir sie zwar theoretisch zur Kenntnis, aber die Angst, die produziert wird, ist offensichtlich zu gering, um die Handlungen und Denkprozesse in Gang zu setzen, die zur Abwendung der Katastrophe erforderlich wären. Günther Anders hat hierfür den passenden Ausdruck der »Antiquiertheit« des Menschen geprägt; gemeint ist die Antiquiertheit seiner psychologischen Ausstattung, bezogen auf die heutige technische Realität.

Deswegen scheint auch die Realitätsverleugnung um so perfekter zu gelingen, je weiter sich die Kriegsvorbereitungen aus der Dimension der Vorstellbarkeit herausbewegen. Bei der sogenannten »Nachrüstung« handelte es sich noch um konkrete Dinger, die an bekannten Orten stationiert werden sollten und dann auch wurden, zu denen man hinfahren und vor denen man demonstrieren konnte. Auch konnte man sich bei den Mittelstreckenraketen eine vergleichsweise konkrete Vorstellung dafür bilden, inwiefern durch sie die Gefahr des Ausbruchs eines Atomkriegs sprungartig steigen würde, und das brachte immerhin Hunderttausende auf die Straße.

Das neue amerikanische SDI-Programm (»Krieg der Sterne«) wird sich voraussichtlich noch destabilisierender auswirken als die »Nachrüstung«; außerdem würde eine Abschirmung der USA gegen sowjetische Raketen genau das Konzept eines begrenzten Atomkriegs in Europa, in das die

Stationierung der Mittelstreckenraketen paßt, abstützen. Aber die Implikationen dieses neuen Eskalationsschrittes sind für den Laien im einzelnen so schwer erkennbar, daß es zu Massenprotesten nirgends kam.

Noch viel gespenstischer ist die Realitätsverleugnung in den die Beteiligung am SDI-Programm befürwortenden Argumenten der konservativen Politiker, die unsere Regierungspolitik bestimmen. Während für die Stationierung der amerikanischen Mittelstreckenraketen zwar falsche, aber immerhin nachvollziehbare Argumente ins Feld geführt worden waren, daß durch die Raketen unsere Sicherheit erhöht würde, wird bei der Befürwortung des SDI-Programms überhaupt kein sicherheitspolitisches Argument mehr angeführt, sondern nur noch die Sorge, daß die deutsche Industrie sonst technologisch ins Hintertreffen geraten könnte. Es ist wohl kein Zufall, daß für die Entwicklung dieses neuen Waffensystems von deutschen Politikern keine sicherheitspolitischen Argumente angeführt werden, denn es ist kaum vorstellbar, daß sich durch SDI die Sicherheit in Europa erhöhen könnte. Aber daß es überhaupt möglich ist, daß Politiker (die bei ihrer Amtseinsetzung immerhin einen Eid abzuleisten hatten, alles in ihrer Kraft Stehende zu tun, um Schaden vom deutschen Volk abzuwenden) bei der Frage der Beteiligung an einem neuen Waffensystem auf die sicherheitspolitischen Folgen überhaupt keine Rücksicht nehmen und es wagen können, offen nur noch wirtschaftspolitisch zu argumentieren, ohne daß es zu einem allgemeinen Aufschrei des Protestes kommt, zeigt, daß wir in dem Prozeß der Realitätsverleugnung eine neue Phase erreicht haben. Wenn man nur noch wirtschaftspolitisch argumentiert, wenn man nicht einmal mehr fragt, wie ein Atomkrieg am ehesten zu verhindern ist, kann das nur heißen, daß es gelungen ist, sich gegenüber der Katastrophe vollkommen angstfrei zu machen, daß man diese Möglichkeit aus seinem Bewußtsein ausgeschlossen hat. Das Boot wurde bisher mit unzulänglichen, veralteten Mitteln gesteuert, jetzt schließt man die Augen und läßt es nur noch treiben.

Irrationale Faktoren in der Diskussion über die Sicherheitspolitik

Die Menschheit befindet sich seit relativ kurzer Zeit vor zwei völlig neuartige Gefahren gestellt: die des Verbrauchs der Umweltressourcen und die eines Nuklearkrieges: Beide Gefahren führen, wenn sie sich nicht kontrollieren lassen, zum Untergang der Gattung, und beide lassen sich wohl nicht kontrollieren, wenn wir nicht auf tiefsitzende Gewohnheiten im Denken und Umgang mit Bezug auf die Natur einerseits, mit Bezug auf zwischenmenschliche Beziehungen andererseits verzichten. Da es zum Inbegriff der Rationalität gehört, alles zu tun, um den eigenen Untergang zu vermeiden, scheint es rational geboten zu sein, Wege zu finden, wie wir diese bisherigen Gewohnheiten durch andere Einstellungen oder Regelungen ersetzen können. Auf der anderen Seite gehören diese bisherigen Gewohnheiten so wesentlich zu unserem Denken, daß sie durchaus das mitbestimmen, was wir unter rationalem Handeln verstehen. So gesehen könnte man sagen, daß es gerade unser Rationalitätsbegriff ist, an dem wir zugrunde gehen werden; wer Paradoxien liebt, könnte das so formulieren, daß unsere Rationalität irrational ist. Aber dasselbe läßt sich auch paradoxiefrei so formulieren, daß ein Verhalten, das unter früheren Bedingungen – nämlich solange die natürlichen Ressourcen im Überfluß vorhanden waren und solange Krieg nicht den Untergang aller implizierte – rational war oder wenigstens sein konnte, es unter heutigen Bedingungen nicht mehr ist.

Dieser allgemeinsten Kennzeichnung der Lage könnten vielleicht alle, die nicht eine vollständige Vogelstraußpolitik treiben, zustimmen. Der Dissens ergibt sich erst, wenn man sich fragt, was daraus für die Rationalität des einzelnen Handelnden folgt (unter einzelnen Handelnden verstehe ich hier nicht nur einzelne Personen, sondern alle Handlungssubjekte, also auch Staaten). So könnte jemand sagen: Solange es keine Kooperation in der Regelung für die Aufteilung und Erhaltung einer Ressource gibt, ist zwar die Gesamtsituation irrational, aber für jede einzelne Wirtschaftseinheit ist es nur rational, diese Ressource auszubeuten, so stark sie nur kann; sie handelte irrational, wenn sie es nicht täte.

So formuliert, läßt sich dieser Auffassung natürlich nicht widersprechen, aber die Frage, an der sich die Geister scheiden, ist, ob man es ausnützen soll, daß diese Kooperation nicht besteht, oder nicht vielmehr statt dessen alles daransetzen sollte, diese Kooperation herbeizuführen. Diese Frage wäre früher, wo man noch sagen konnte: »nach mir die Sintflut«, eine moralische gewesen, aber in dem Maße, als jeder weiß, daß die Sintflut vielleicht schon ihn selbst, spätestens die eigenen Kinder erreicht, ist sie auch für den einzelnen nicht mehr nur eine moralische, sondern eine rationale Frage.

Bei der Frage der Rationalität des Wettrüstens sieht es ähnlich aus. Nicht alle, aber doch viele werden zugeben, daß das Wettrüsten »an sich« ein irrationales Geschehen sei, aber für die einzelnen Kontrahenten ist es, weil doch der andere sich so verhält, das einzig Rationale, sich auch so zu verhalten. Oder nicht? Das ist die Frage, die ich hier behandeln möchte.

Ich wende mich damit erneut einem Problem zu, das ich schon in einem früheren Versuch behandelt habe,[1] dem Problem der Rationalität bzw. Irrationalität von Falken einerseits, Tauben andererseits. Dort hatte ich versucht zu zeigen, daß der Gegner des atomaren Wettrüstens die besseren Argumente hat. Aber ich mußte die Erfahrung machen, daß ich damit niemanden überzeugte, der davon nicht schon ohnehin überzeugt war. Wenn man in einer Argumentation, die rational zu sein versucht, an fundamentale Verständigungsgrenzen stößt, kann das nur heißen, daß entweder die eine oder die andere Seite oder beide von Vorurteilen bestimmt sind. Ein Vorurteil ist eine Meinung, die einer Korrektur durch Logik und Realität nicht oder nur begrenzt zugänglich ist; man be-

1 »Rationalität und Irrationalität der Friedensbewegung und ihrer Gegner«, vgl. in diesem Band S. 19–44.

zeichnet sie insofern als irrational. Eine Meinung ist nicht schon irrational, wenn sie schlecht begründet ist, sondern wenn der Betreffende nicht bereit ist, Gründe, die gegen sie sprechen, ernst zu nehmen, und das kann nur heißen, daß er an der Wahrheit dieser Meinung mehr als an der Wahrheit als solcher interessiert ist; er ist dann nicht in der Lage, seine Meinung desinteressiert zu überprüfen. Daß eine Person Vorurteile hat, also daß sie sich bestimmten Meinungen gegenüber in dieser Weise verhält, muß ihr mehr oder weniger unbewußt sein, denn es würde sich widersprechen, eine Meinung zu haben und gleichzeitig zuzugeben, daß die entgegengesetzte Auffassung die besser begründete ist. Das würde im Extremfall heißen, daß man zugibt, daß die entgegengesetzte Auffassung wahr ist, und das ist unmöglich, denn niemand kann eine Meinung haben und gleichzeitig meinen, daß sie falsch ist. Also Vorurteile müssen mehr oder weniger unbewußt sein, und das heißt dann auch, daß die Faktoren, die für sie verantwortlich sind, unbewußt sein müssen; man kann natürlich wissen, daß man bestimmte Interessen hat, aber man kann sich nicht dessen bewußt sein, daß man an einer Meinung nur deswegen festhält, weil man diese Interessen hat.

Wenn man nun mit einer Person argumentiert und man erklärt ihr, daß man ihre Meinungen für Vorurteile hält, so läuft das darauf hinaus, daß man ihr zu verstehen gibt, daß man sie jedenfalls in dieser Argumentation für irrational hält, und das heißt, man bricht die Argumentation ab, man nimmt die andere Person nicht mehr auf der Ebene ihrer Argumentation ernst. Das ist nicht nur moralisch fragwürdig, es ist auch für die Wahrheitsfindung hinderlich, weil ich mich dadurch meinerseits gegen die Argumentation des anderen abschotte. Daß die Meinung der anderen Person ein Vorurteil sei, kann ich für mich ja gerade nur dadurch feststellen, daß ich die Erfahrung mache, daß sie auf Argumente nicht angemessen reagiert. Das Hinterfragen der Gegenposition nach den ihr zugrundeliegenden Interessen kommt sich zuweilen besonders reflektiert vor, aber wenn gleich damit angefangen wird, ergeben sich lediglich wechselseitige Unterstellungen. Die vorgängige direkte Argumentation ist unverzichtbar, weil es nur sinnvoll ist, nach unbewußten Ursachen einer Meinung zu fragen, wenn erst einmal ihre Unbegründetheit erwiesen ist. Man könnte sogar befürchten, daß, sobald man die Auffassung des anderen auf Vorurteile hin befragt, man nur noch über ihn und nicht mehr mit ihm reden kann. Der Schritt auf diese zweite Ebene – die der Vorurteile – kann aber durchaus noch im Gespräch selbst sinnvoll sein; er ist es jedenfalls dann, wenn ich auch meinerseits bereit bin, mich an denselben virulenten Stellen – das sind eben die Stellen, an denen eine direkte Verständigung nicht möglich schien – auf eigene Vorurteile hinterfragen zu lassen. Das muß auch dann geschehen, wenn kein realer Dialogpartner vorhanden ist. Wer sich selbst beim inneren Argumentieren oder beim Lesen von Gegenargumenten hellhörig beobachtet, kann ja leicht auf die Widerstände aufmerksam werden, die er dagegen spürt, bestimmte Meinungen aufzugeben. Ein solcher Widerstand zeigt immer, daß ich diese Meinung ungern aufgeben würde, also an ihr interessiert bin. Daß eine Meinung mit einem Interesse verbunden ist, erweist sie noch nicht als Vorurteil – daß ich an ihr interessiert bin und daß sie wohlbegründet ist, schließt sich ja nicht aus –, aber so kommen wir eigenen Vorurteilen auf die Spur. Wenn sich Vorurteile durch Widerstände bemerkbar machen können, heißt das, daß sie dem Bewußtsein nicht schlechthin unzugänglich sind. Ich habe die irrationalen Faktoren deswegen vorhin auch nur als mehr oder weniger unbewußt bezeichnet. Sie brauchen nicht unbewußt in dem starken Sinn von Freud zu sein, daß sie dem Bewußtsein überhaupt nicht zugänglich sind, obwohl das eine Möglichkeit ist. Normalerweise sind sie aber nur in dem Zustand, den Freud vorbewußt nennt: nicht bewußt, aber dem Bewußtsein zugänglich.

Ich möchte also nach den möglichen irrationalen Faktoren in den Auffassungen sowohl der Falken als auch der Tauben fragen. Da ich zu letzteren selbst gehöre, ist vorauszusehen, daß der eine Teil meines Vorhabens schlechter gelingen wird als der andere. Die irrationalen Faktoren sind natürlich auf beiden Seiten dort zu vermuten, wo die direkte Argumentation versagt. Das geschieht nach meiner Erfahrung an den

Stellen, wo es sich um Einschätzungsfragen handelt, die empirisch nicht eindeutig zu beantworten sind. Es ist dies erstens die Frage, für wie gefährlich man die Russen hält, zweitens die Frage, für wie wahrscheinlich man bei der jetzigen Militärpolitik den Ausbruch des Atomkrieges hält. Die Falken werfen den Tauben in der ersten Frage, die Tauben den Falken in der zweiten Frage Naivität bzw. Realitätsverleugnung vor. Ein dritter Punkt, der allerdings nicht scharf zu trennen ist von der Einschätzung der Wahrscheinlichkeit des Kriegsausbruchs, betrifft die Einschätzung der Funktionsfähigkeit des Systems der wechselseitigen atomaren Abschreckung.

Man könnte nun meinen: wenn es sich bei diesen zwei bzw. drei Hauptpunkten, an denen sich Tauben und Falken nicht verständigen können, um subjektive Einschätzungsfragen handelt, dann kann man ja von keiner Meinung sagen, daß das Gegenteil objektiv feststeht. Infolgedessen scheint auch mein Kriterium zu entfallen, sie als Vorurteil zu bezeichnen. Das würde heißen, die beiden entgegengesetzten Positionen gründen sich einfach auf zwei verschiedene intellektuelle Einschätzungen innerhalb einer rational nicht entscheidbaren Wahrscheinlichkeitsskala. Aber wenn das alles wäre, wäre natürlich die Emotionalität, mit der sich die beiden Positionen gegenüberstehen, nicht verständlich. Es kann auch kein Zufall sein, daß sich normalerweise eine hohe Angstbesetzung der Russen mit einer niedrigen Angstbesetzung des Krieges verbindet und umgekehrt. In Wirklichkeit gilt für Vorurteile allgemein, daß sie sich gerade nur in Bereichen festsetzen können, in denen es sich um Einschätzungsfragen handelt, denn wo sich etwas eindeutig beweisen läßt, kann niemand, außer in extrem pathologischen Fällen, an der gegenteiligen Meinung festhalten. Ich habe vorhin Vorurteile durch das Kriterium definiert, daß es Meinungen sind, bei denen der Betreffende nicht bereit ist, Gründe, die gegen sie sprechen, ernst zu nehmen. Diese Gründe brauchen keine definitiven sein, sie sind es gewöhnlich nicht. Im vorgegebenen Fall ist das Kriterium erfüllt, wenn jemand in seiner sehr hohen oder sehr niedrigen Einschätzung einer Gefahr für Gründe, die ihn in dieser Einschätzung relativ verunsichern könnten, unempfänglich ist.

Bei den zwei bzw. drei Fragen, bei denen sich die Einschätzungen der Tauben und Falken unterscheiden, spricht also viel dafür, daß Vorurteile auf beiden Seiten vorhanden sind. Die Frage, der ich hier nachgehen möchte, ist, von welcher Art diese irrationalen Faktoren sind, und natürlich interessiert mich auch die weitere Frage, ob, soweit ich es beurteilen kann, diese Faktoren auf der einen oder der anderen Seite stärker oder auch qualitativ tiefreichender sind.

Wie ist nun diese Materie anzugehen? Für mich als Philosophen ist sie Neuland. Soviel scheint zunächst klar: wenn es sich bei diesen irrationalen Faktoren um Interessen, Motive handelt, so liegt es nahe, diese Motive als psychologische zu verstehen, und deswegen kann man bei der vorhandenen psychologischen Literatur ansetzen. Bevor ich auf sie eingehe, möchte ich kurz auf die andere Möglichkeit hinweisen, nämlich soziologisch vorzugehen, daß man also die zugrundeliegenden Interessen von vornherein als soziale definiert. Hier sehe ich zwei Möglichkeiten: Erstens fragt man nach bestimmten sozialen Schichten, die in der einen oder anderen Richtung ein besonderes Interesse haben könnten; zweitens fragt man, ob eine Gesellschaft im ganzen so verfaßt ist, daß diese Verfaßtheit ein Interesse in der einen oder anderen Richtung nahelegt. Was den ersten Weg betrifft, so wird man sofort fündig, und zwar auf eine einseitige Weise: Niemand kann nämlich bestreiten, daß es bestimmte Schichten gibt, die ein besonderes Interesse an Aufrüstung haben – der sogenannte militärisch-industrielle Komplex; während es nichts Analoges auf der anderen Seite gibt: Es gibt keine sozioökonomisch definierten Schichten, die ein besonderes Interesse an Abrüstung haben (zumindest nicht in unserer westlich-kapitalistischen Gesellschaft). Da man nun außerdem weiß, welchen gesamtgesellschaftlichen Einfluß, auch über die Medien, der militärisch-industrielle Komplex ausübt, ist bereits hier ein Interesse identifiziert, das sich für die Vorurteilsbildung, und zwar einseitig auf die der Falken, auswirkt. Es liegt nahe, noch von einer weiteren Schicht zu sagen, daß sie ein spezifisches Interesse an Kriegsvorbereitung hat, nämlich die Schicht derjenigen, die an der politischen Macht sind, und zwar deswegen, weil die innenpolitische Kohäsion zunimmt, wenn ein äußerer Feind da ist. Das heißt dann aber, dieses zweite schichtspezifische Interesse, das ebenfalls nur den Falken zugute kommt, verweist uns auf die zweite soziologische Fragestellung, diejenige, die die Verfaßtheit der Gesellschaft im ganzen betrifft. Dieses Problem werde ich nun nicht direkt angehen. Wenn man nämlich die psychologische Zugangsweise weit genug faßt, müssen die Interessen, die in der Verfaßtheit der Gesellschaft gründen, auch psychologisch repräsentiert sein. Auf der anderen Seite hat (wie sich im Verlauf meiner Ausführungen erst noch zeigen wird) der psychologische Zugang den Vorteil, daß er auch Vorurteilsfaktoren zu erfassen erlaubt, die nicht soziologisch bedingt sind. Aber ich glaube, daß man das folgende Prinzip einleuchtend finden wird: Wenn psychologische Motive, die für eine Vorurteilsbildung bestimmend sind, zugleich in der Verfaßtheit der Gesellschaft gründen, so sind sie in einem bestimmten Sinn tiefer verwurzelt als Motive, die nicht so verwurzelt sind.

Wenn man nun das Problem psychologisch angeht, so mag die psychoanalytische Zugangsweise besonders naheliegend erscheinen, und zwar deswegen, weil die Psychoanalyse gerade die irrationalen und unbewußten Faktoren unseres Seelenlebens zu erforschen versucht. Kein Wunder also, daß es eine psychoanalytische Literatur zu unserem Thema gibt. Ich verweise auf Schriften von Horst Eberhard Richter, besonders das Buch *Zur Psychologie des Friedens*[2], ferner auf verschiedene Arbeiten von Carl Nedelmann, ein von ihm mit Hellmut Becker zusammen verfaßtes Büchlein *Psychoanalyse und Politik*[3] und den einführenden Artikel in dem von Nedelmann herausgegebenen Buch *Zur Psychoanalyse der nuklearen Drohung*[4]. Bevor ich einige Thesen dieser Autoren kritisch diskutiere, möchte ich auf ein grundsätzliches Problem aufmerksam machen. Es ist nämlich keineswegs gesagt, daß, weil die den Vorurteilen zugrunde liegenden Faktoren unbewußt sind, diese Faktoren

2 Reinbek 1982.
3 Frankfurt/M. 1983.
4 Göttingen 1985.

in die eigentliche Domäne der Psychoanalyse fallen. Ich habe schon vorhin darauf hingewiesen, daß wir hier den Begriff des Unbewußten in einem weiteren und schwächeren Sinn verstehen müssen, als er von Freud verwendet wird. Das einzige bedeutende Buch, das in den USA aus psychologischer Sicht über die Friedensproblematik geschrieben wurde, stammt von einem Psychiater, der nicht Psychoanalytiker ist und vielleicht deswegen die psychologische Problematik breiter und vielleicht unvoreingenommener behandelt hat: *Sanity and Survival* von Jerome Frank.[5]

Nedelmann kommt auf die beiden Gefahren, auf die sich der Dissens zwischen Falken und Tauben bezieht, in seiner mit H. Becker zusammen verfaßten Arbeit unter dem Titel »Verdrängung« zu sprechen. Die beiden Autoren entwickeln dort die folgende Gedankenreihe: »Die Sorge ... vor der nuklearen Zerstörung der Welt produziert Angst«, aber auch »innere Abwehr«. Die Folge ist: »Statt die Angstursachen zu beseitigen, werden die ängstigenden Vorstellungen durch Verdrängung dem Bewußtsein entzogen.« Aber damit ist die Angst nicht erledigt. Sie wird verschoben. »Die in die Verdrängung geratene ängstigende Vorstellung vor der alles bedrohenden Waffe kehrt wieder in der Angst vor dem Feind, der alles zu bedrohen scheint.«[6] Hier wird eine bestimmte Antwort auf die entscheidenden Fragen, die zwischen Tauben und Falken strittig sind, einfach vorausgesetzt, daß nämlich die nukleare Zerstörung eine reale Gefahr ist, die Russen hingegen nicht. Selbst wenn man den Autoren zugesteht, daß sie die Position der Tauben einfach als vorgegeben voraussetzen, so scheint doch ihre These, daß die Angst vor den Russen auf einer Verschiebung der Angst vor der atomaren Zerstörung beruht, wenig plausibel, jedenfalls geben die Autoren keine Gründe an. Hier sieht man, wie leicht und unkontrolliert sich mit einer psychoanalytischen Kategorie wie der der Verschiebung umgehen läßt. Denn ebenso könnte ja nun ein psycho-

5 J. Frank, *Sanity and Survival – Psychological Aspects of Peace and War*, New York 1967.

6 H. Becker/C. Nedelmann, *Psychoanalyse und Politik*, S. 106 f.

analytischer Falke die These aufstellen, daß die Angst der Tauben vor der atomaren Katastrophe auf einer Verleugnung und Verschiebung der Angst vor den Russen beruht.

In der anderen Abhandlung beantwortet Nedelmann die Frage, warum wir die Russen für so gefährlich halten, durch ein anderes in der Psychoanalyse geläufiges Schema: die Projektion vom Subjekt aufs Objekt: Nedelmann erklärt, es handele sich um eine Projektion der nicht verarbeiteten Schuldgefühle über den Nationalsozialismus auf die Russen. Diese Deutung kann schon deswegen nicht stimmen, weil wir sie an Kontrollgruppen prüfen können, unseren westlichen Nachbarländern wie z. B. den Holländern, die sich auch ohne nationalsozialistische Vergangenheit vor den Russen fürchten und der Nachrüstung zugestimmt haben. Für andere, zum Beispiel Glucksmann, dient der Nationalsozialismus umgekehrt als Erklärungshintergrund für die deutsche Friedensbewegung. Auch hier läßt sich die Erklärung leicht entkräften durch den Umstand, daß sich die deutsche Friedensbewegung nicht wesentlich von der in den westlichen Nachbarländern unterscheidet.

Ob es überhaupt berechtigt ist, psychoanalytische Kategorien so umstandslos von der individuellen auf historische Entwicklungen zu übertragen, kann ich dahingestellt sein lassen.[7] Ein psychoanalytischer Erklärungsversuch im gewöhnlichen, nicht-übertragenen Sinn findet sich bei Richter.[8] Richter versucht im fünften Kapitel seines Buches, die irrationale Verfangenheit in einer Abschreckungsstrategie auf einen bestimmten »kindlichen Reaktionstyp« (S. 47), auf eine »bestimmte Entwicklungsphase« zurückzuführen: Er verweist auf einen »häufigen Beziehungskonflikt zwischen Kind und

7 Nedelmann beruft sich auf Freuds Äußerungen am Ende seiner Abhandlung *Das Unbehagen in der Kultur.* Doch er übergeht Freuds Satz: »Aber man müßte sehr vorsichtig sein, nicht vergessen, daß es sich doch nur um Analogien handelt, und daß es nicht nur bei Menschen, sondern auch bei Begriffen gefährlich ist, sie aus der Sphäre zu reißen, in der sie entstanden und entwickelt worden sind.«

8 Im folgenden beziehen sich alle Seitenangaben im Text auf H. E. Richters Buch *Zur Psychologie des Friedens,* a. a. O.

Eltern«, der dadurch charakterisiert ist, daß »jede Seite die andere nur durch maximale ›Abschreckung‹ in Schach zu halten können glaubt« (S. 46). Es handelt sich um einen »Komplex«, »bei welchem sich ungeheueres Mißtrauen und massives Drohverhalten gegenseitig aufschaukeln« (S. 48).

Mir ist nicht ganz klar, was Richter damit zeigen will. Da es sich nur um einen »häufigen« Beziehungskonflikt handelt, der überdies meist nur für eine bestimmte Entwicklungsphase charakteristisch ist, läßt sich auf diese Weise nicht erklären, wieso in der Politik der überwiegende Teil der Bevölkerung eine Abschreckungsstrategie für vernünftig hält. Wenn andererseits Tauben und Falken sich deswegen unterscheiden würden, weil die einen aufgrund einer bestimmten infantilen Entwicklung eher zum Vertrauen, die anderen eher zum Mißtrauen neigen, würde der Einwand naheliegen, daß dann beide gleich irrational sind; denn rational verhalten wir uns als Erwachsene, wenn wir uns realitätsgerecht verhalten, d. h. je nach der gegebenen Situation eher vertrauend oder eher mißtrauisch, und wenn wir nicht durch einen infantilen Charakter so inflexibel sind, daß wir uns nur vertrauend verhalten können, auch wenn die Realität Mißtrauen erfordert, oder nur mißtrauisch, auch wenn die Realität Vertrauen erfordert. Man möchte also Richter anworten: Sowohl in der kindlichen Entwicklung wie im Erwachsenenleben wie schließlich auch in den zwischenstaatlichen Bereichen ist immer beides gegeben: die Möglichkeit, die unausbleiblichen Interessenkonflikte kooperativ oder durch Gewalt zu lösen, und man wird jede kindliche Entwicklung, die dazu führt, daß der Erwachsene nicht mehr für beides offen ist, für mißglückt halten, weil sie ein rationales Verhalten be- oder gar verhindert. Man darf das nicht einmal so einschränken, daß der Kooperation wenigstens immer der Vorzug zu geben sei, wann immer das Verhalten des Gegenüber das zuläßt, denn das wäre ein moralisches Prinzip, keine rein rationale Maxime. Wenn aber gar das Gegenüber als feindselig wahrgenommen wird, ist es im Normalfall rational, eine Abschreckungsstrategie aufzubauen. Das ist also eine durchaus rationale Prämisse der Falken, und wenn viele in der Friedensbewegung mit Richter diese Prämisse schon als solche bestreiten, setzen sie sich ihrerseits dem berechtigten Vorwurf der Naivität aus, und die Naivität ist eine Form der Irrationalität. Richter hat übersehen, daß in dem Streit über die Rationalität der wechselseitigen atomaren Abschreckung nicht schon die Rationalität von Abschreckung im allgemeinen in Frage gestellt wird, vielmehr stehen wir heute vor einer ganz unvergleichlichen Situation, die durch das Ausmaß der Katastrophe bestimmt ist, die entstehen würde, wenn die Abschreckung nicht funktioniert. Dieser Faktor ist für die Argumentation sowohl der Falken wie der Tauben maßgebend: für die Falken in der Weise, daß sie behaupten: weil das Ausmaß der atomaren Drohung so groß ist, ist sie ein verläßliches und das einzig verläßliche Mittel zur Vermeidung eines (auch nicht-atomaren) Krieges. Für die Rationalität der atomaren Abschreckung ist also die These entscheidend, daß diese (und nur diese) Abschreckung das Risiko eines Krieges extrem gering hält. Für die Argumentation der Tauben gegen die atomare Abschreckung ist ebenfalls das Ausmaß der angedrohten Katastrophe maßgebend: nur weil oder jedenfalls teilweise weil es nicht rational ist, ein Risiko dieses Ausmaßes in Kauf zu nehmen, ist die atomare Abschreckung nicht rational.

Mit der These von der Irrationalität der Abschreckung verbinden sich bei Richter fast unmerklich zwei andere, nach meiner Meinung sehr viel substantiellere Hinweise, die uns positiv weiterführen können. Bezeichnenderweise handelt es sich um Feststellungen, die von ihm zwar psychoanalytisch gedeutet werden, die aber nicht aus der Psychoanalyse gewonnen sind. Es sind sozialpsychologische Beobachtungen, die auch von vielen anderen Autoren hervorgehoben werden: 1. daß das Identitätsbewußtsein bzw. der innere Zusammenhalt einer sozialen Gruppe, speziell einer Nation erhöht wird durch die Fixierung auf einen äußeren Feind; Krieg und schon Kriegsbereitschaft lenkt die Aggressivität der Menschen von den inneren Konflikten auf den äußeren Feind ab;[9] anstelle vieler anderer Beispiele braucht man nur auf den Er-

9 Vgl. J. Frank, *Sanity and Survival*, a. a. O., S. 92.

sten Weltkrieg oder neuerdings den Falklandkrieg zu verweisen; 2. daß eine Neigung besteht, nur die Gefährlichkeit des Gegners für sich wahrzunehmen, die eigene für den Gegner zu übersehen.

Beide Tatbestände werden von Richter psychoanalytisch gedeutet, der erste so, daß die Aggressivität, die nach außen gelenkt wird, aus der Aggressivität stammt, die das Individuum in seiner Sozialisation zu zügeln und zu verdrängen lernen mußte. Derselbe Tatbestand wird von Soziologen[10] so gedeutet, daß es sich nicht um eine in der Kindheit verdrängte, sondern um die gegenwärtig durch die Unterdrückung durch das soziale Herrschaftssystem erzeugte Aggressivität handelt. Mir scheinen beide Deutungen richtig, und sie schließen sich nicht aus. Richter ergänzt seine Deutung durch den schon von Freud stammenden und wohl ebenfalls empirisch ausgewiesenen Hinweis, daß das Individuum sich für seine individuellen Ohnmachtsgefühle dadurch entschädigt, daß es »seine persönlichen Macht- und Größenwünsche ... insgeheim an das Kollektiv und dessen Führer abtritt« (S. 54). Dieser Punkt scheint mir auch deswegen besonders wichtig zu sein, weil er es erlaubt, ein Verhalten nicht nur der Individuen, sondern der politischen Einheiten zu erklären, das sonst unverständlich wäre: daß auch für sie, wenn sie sich klein und schwach fühlen, die Treue zu einer mächtigen Hegemonialmacht zur obersten Leitidee ihrer Politik werden kann, und das auch dann, wenn das zu einem politischen Kurs führt, der in keinem rational einsichtigen Zusammenhang mit den eigenen Interessen steht.

Der zweite Punkt, daß nur der Gegner als gefährlich wahrgenommen wird, man selbst nicht, wird von Richter und anderen durch den weiteren Faktor ergänzt, daß die eigene Gruppe als gut, der Feind als schlecht erscheint, was sich leicht bis zur völligen Schwarzweißmalerei steigert. Dieser Faktor folgt eigentlich aus dem ersten Punkt, denn es gehört zur Übertragung der Selbstliebe auf die Gruppe, daß man

10 Vgl. z. B. W. Möller/F. Vilmar, *Sozialistische Friedenspolitik für Europa*, Reinbek 1972, 1.2.

diese für gut hält, und man kann eine andere Gruppe nicht leicht als Feind betrachten, wenn man sie nicht für schlecht ansieht. Diese Beobachtung, die als solche wohl auch zweifelsfrei ist, wird von Richter und anderen durch die psychoanalytische Erklärung ergänzt, daß eine Neigung bestehe, gerade das, was man in sich selbst ablehne, auf den Feind zu projizieren. Das mag nun stimmen oder nicht. Da wir daran interessiert sein müssen, irrationale Faktoren zu identifizieren, die möglichst unkontrovers sind, sollte man sie von zusätzlichen Deutungen, wenn diese ihrerseits nicht unbestritten sind, möglichst freihalten.

Richter und andere Psychoanalytiker geben nun auch für die einseitige Optik hinsichtlich der Gefährlichkeit eine analoge psychoanalytische Deutung. Daß nur der Feind als gefährlich angesehen wird, erkläre sich daher, daß die eigene Gefährlichkeit verdrängt und auf das Gegenüber projiziert wird. Möglich, daß das zum Teil stimmt. Ich werde nachher noch einen anderen Erklärungsvorschlag machen.

Ich kann jetzt die Ergebnisse meines Überblicks über die psychoanalytischen Erklärungsversuche zusammenfassen. Vorweg ist festzustellen, daß diese Literatur von Vertretern der Friedensbewegung stammt und sich nur mit der Vorurteilsstruktur der Falken befaßt. Analytische Versuche von der anderen Seite kenne ich nicht. Schon gar nicht gibt es einen Versuch der Art, den ich hier unternehmen möchte, nämlich die irrationalen Faktoren der beiden Seiten zu vergleichen. Wir haben gesehen, daß ein Teil der von Nedelmann und Richter aufgestellten Thesen zu spekulativ und einseitig ist, einige erscheinen auch schlicht falsch. Am Ende stießen wir jedoch auf einen mir unbestreitbar richtig scheinenden Kern, auf den sich aufbauen läßt. Dieser Kern besteht aus folgenden empirischen Generalisierungen: 1. Es besteht im allgemeinen eine innergesellschaftliche Tendenz, sich gegen einen äußeren Feind zu definieren; 2. es gibt eine Tendenz, die eigene positive Wertigkeit und die negative Wertigkeit des Feindes zu überschätzen; 3. es gibt eine Tendenz, die eigene Gefährlichkeit zu übersehen, die des Feindes zu überschätzen. Diese Sätze haben an und für sich keine psychoanalytische, sondern eine sozialpsychologische Basis. Ihr empirisches Fundament ist die historische Beobachtung. Wie weit sie sich mit psychoanalytischen Kategorien erklären lassen, konnte offenbleiben, doch scheint zumindest bei der ersten und damit auch zweiten These eine psychoanalytische Erklärung, aber ebenso eine sozialpsychologische Erklärung sehr naheliegend.

Damit haben wir jetzt einen Einstieg in die systematische Betrachtung gewonnen. Sie betrifft die Frage, wie weit Tauben und Falken bei den beiden entscheidenden Einschätzungsfragen, die die Differenz ausmachen, die zwischen ihnen besteht, von irrationalen Faktoren bestimmt sein können, die uns aus allgemeinen psychologischen und historischen Beobachtungen bekannt sind. Es ist wichtig, genau zu verstehen, was ich hier vorhabe. Ich mische mich nicht in die direkte Auseinandersetzung zwischen Tauben und Falken ein, d. h., ich sehe soweit wie möglich von allen konkreten Argumenten, die für oder gegen die Gefährlichkeit der Russen, für oder gegen die Wahrscheinlichkeit der atomaren Katastrophe sprechen, ab und fordere beide Kontrahenten dazu auf, sich zu überlegen, womit an irrationalen Faktoren erstens hinter ihrem eigenen Rücken und zweitens hinter dem Rücken des anderen zu rechnen ist. »Zu rechnen«, das heißt, es wird keine Aussage darüber gemacht, wie weit der eine oder der andere faktisch von diesen Vorurteilen bestimmt ist; es wird lediglich darauf hingewiesen, daß es nach allgemeiner psychologischer Beobachtung irrationale Faktoren entweder gibt oder nicht gibt, die ihre Einschätzung mitbestimmen können. Mit irrationalen Faktoren sind hier zusätzliche subjektive Faktoren in der Einschätzung eines objektiven Tatbestandes gemeint, die irrational sind, insofern sie sich auf die Realitätsangemessenheit des Urteils verzerrend auswirken. Bei beiden Fragen handelt es sich um die Einschätzung einer Gefahr. Daß es sich um eine reale Gefahr handelt, gestehen sich beide Kontrahenten zu, und die Frage ist nur, ob und welche zusätzlichen psychologischen Faktoren im Spiel sind, die dazu führen können, das Ausmaß der Gefahr auf eine realitätsunangemessene Weise zu über- oder zu unterschätzen.

Ich beginne mit der Gefahr der Russen. Daß Nato und Warschauer Pakt sich militärisch bedrohen und insofern Feinde sind, ist ein Faktum, über das die Meinungen nicht auseinandergehen. Hier wird man also nicht nach zusätzlichen irrationalen Faktoren fragen. Die Meinungen gehen aber schon auseinander bezüglich der Frage, ob dies, wie die einen behaupten, so sein muß, weil es im Wesen der marxistischen Ideologie liege, oder, wie die anderen meinen, im wesentlichen die Folge einer langen wechselseitigen Bedrohung und Eskalation ist. Die Tatsache z. B., daß die USA China lange als ebenso feindselig wahrgenommen haben und es heute nicht mehr tun, obwohl China in Ideologie und politisch-wirtschaftlichem System von der Sowjetunion nicht grundsätzlich abweicht, könnte ein Indiz dafür sein, daß es nicht so sein muß. Wer für solche Überlegungen nicht offen ist, muß sich auf den Tatbestand der allgemeinen Neigung zu Feindbildern verweisen lassen.

Die Vorfrage »Muß diese Gefahr bestehen?« führt zu der Hauptfrage »Wie groß ist sie?«. Die Frage »Wie gefährlich sind die Russen?« verbindet sich mit der Frage »Wie böse sind sie?«. Die Frage »Wie böse sind sie?« hat ungefähr den Sinn »Wie schlimm finden wir ihr politisches System?« und »Wie schlimm fänden wir es, von ihnen beherrscht zu sein?«. Die Frage »Wie gefährlich sind sie?« ist von dieser Frage völlig unabhängig. Mit dieser Frage ist gemeint: a) »Wie stark sind sie motiviert, von sich aus andere Länder militärisch anzugreifen?« und b) »Wie stark sind sie motiviert, von sich aus ausgerechnet uns, Westeuropa, anzugreifen?«. Diese beiden Fragen, a) und b), sind nicht unabhängig voneinander, aber aus einer positiven Antwort auf a) folgt noch nicht eine positive Antwort auf b).

Nun hat sich vorhin gezeigt, daß eine allgemeine psychologische Disposition besteht, wenn jemand als Feind identifiziert ist, sein Bösesein und das eigene Gutsein zu überschätzen, ebenso seine Gefährlichkeit und die eigene Friedfertigkeit. Wenn also die Falken die Sowjets als extrem böse und gefährlich einschätzen, ist es eine offene Frage, wie weit das realitätsgerecht ist oder wie weit sie dabei nicht vielmehr durch diese irrationale Vordisposition bestimmt sind. Wenn die drei Fragen, wie böse sie sind, wie gefährlich sie im allgemeinen sind und wie gefährlich sie für uns sind, umstandslos ineinandergeschoben werden, so ist diese mangelnde Differenzierung jedenfalls schon ein Indiz für einen irrationalen Faktor: Wenn sie ein intern schlechtes System haben, so wird häufig argumentiert, so müssen sie auch aggressiv sein, und wenn sich zeigen läßt, daß sie unter bestimmten Bedingungen militärisch angegriffen haben (z. B. in Afghanistan), so folge, daß sie das auch gegenüber Westeuropa tun würden.

Wir haben vorhin gesehen, daß auch die Tendenz besteht, die eigene Gefährlichkeit für die andere Seite nicht wahrzunehmen. Dieser Aspekt muß gesondert berücksichtigt werden, erstens weil er ein zusätzlicher Faktor dafür ist, eine eventuell nur als Reaktion gemeinte Aufrüstung der anderen Seite als zusätzliches Indiz ihrer Aggressivität mißzuverstehen. Zweitens kann sich dieser Aspekt aber auch verselbständigen. Ein gemäßigter Vertreter der Falken, der Engländer David Fisher, vertritt in seinem Buch *Morality and the Bomb* die Auffassung, daß die Frage der Gefährlichkeit der Sowjetunion für Westeuropa zur Zeit negativ zu beantworten sei. Aber man könne nicht wissen, ob sich das nicht in der Zukunft einmal ändern werde. Deswegen sei das westliche Abschreckungssystem erforderlich. Man ist verblüfft, daß Fisher sich die Frage überhaupt nicht stellt, ob der Westen auf diese Weise nicht gerade von sich aus das heraufbeschwört, was zu vermeiden wäre. Wenn eine Abschreckung sogar gegen eine Gefahr befürwortet wird, die gar nicht besteht und nur in Zukunft entstehen könnte, zeugt das von der offenbar besonders großen Schwierigkeit, die eigene Rolle bei einer Eskalation zu erkennen. So kann die Frage, wie gefährlich sind eigentlich wir selbst bzw. unsere Führungsmacht, eine ebenso wichtige Einschätzungsfrage werden wie die nach der Gefährlichkeit der Russen, aber diese Frage wird aufgrund dieser Vorurteilsstruktur oft nicht einmal als Frage wahrgenommen.

Versuchen wir nun die Gegenrechnung aufzumachen. Gibt es auch einen analogen, aber entgegengesetzten allgemeinen sozialpsychologischen Tatbestand, die Gefährlichkeit eines

Gegners zu unterschätzen? Man weist hier auf vereinzelte historische Tatbestände wie die Appeasement-Politik gegenüber Hitler in den dreißiger Jahren hin, eine allgemeine sozialpsychologische Tendenz läßt sich daraus nicht ableiten und scheint auch nicht zu bestehen. Ich bin gleichwohl der Meinung, daß in Teilen der Friedensbewegung eine Tendenz zur Verharmlosung sowohl des politischen Systems wie der Aggressivität der Sowjetunion besteht. Wie kommt das? Ich habe schon darauf hingewiesen, daß die beiden Einschätzungsfragen bezüglich der Gefährlichkeit der Russen und der Gefährlichkeit des Atomkrieges zwar nicht logisch, aber doch psychologisch zusammenhängen, so daß diejenigen, die die eine Gefahr für hoch einschätzen, dies leichter tun können, wenn sie die andere Gefahr niedrig einschätzen können und umgekehrt. Wer die Gefahr des Krieges bei der jetzigen Hochrüstung für relativ hoch hält und daher für eine einseitige Abrüstung plädiert, kann das leichter tun, wenn er zugleich sagen kann: die Russen sind ohnehin nicht gefährlich; und wer meint, daß die atomare Abschreckung nötig ist, weil die Russen uns sonst angreifen würden, kann das leichter tun, wenn er zugleich sagen kann: und genau dann wird die Gefahr des Krieges sich verringern. Hier haben wir also eine genau spiegelbildlich inverse Situation zwischen Tauben und Falken. Jeder kann die Einschätzungsfrage, an der ihm entscheidend liegt, leichter vertreten, wenn er die andere in der umgekehrten Gewichtung beantworten kann, und das führt dazu, daß er die irrationale Tendenz haben wird, Faktoren, die bei der jeweils anderen Frage gegen die Auffassung sprechen, die ihm in den Kram paßt, zu leugnen und zu verharmlosen. Auch das ist eine Vorurteilsstruktur, aber von eigener Art. Diese Art von Vorurteil gründet sich nicht auf unabhängige individuelle oder soziale Interessen, sondern lediglich auf das Interesse, eine bestimmte andere Meinung festhalten zu können. Ich will es mangels eines besseren Ausdrucks ein innersystemisches Vorurteil nennen, d. h. eines, das bestimmt ist durch das sonstige Meinungssystem einer Person. Es ist für den Vertreter der Position der einseitigen Abrüstung wichtig, sich über diese Vorurteilstendenz klar zu werden und zu versuchen, ihr zu widerstehen. Zu meinen, daß die Russen gefährlich sind oder sein können und gleichzeitig für einseitige Abrüstung zu plädieren, widerspricht sich nicht; es ist lediglich schwieriger.

Kommen wir jetzt zu der anderen Einschätzungsfrage, der der Kriegsgefahr. Ich werde sie zunächst abstrakt behandeln und werde auf die Frage der Rationalität der wechselseitigen nuklearen Abschreckung danach separat eingehen. Niemand kann ernsthaft leugnen, daß bei der jetzigen atomaren Hochrüstung die Gefahr einer weltweiten nuklearen Katastrophe besteht, und – um Jerome Frank zu zitieren – »die einzige Frage ist, wann und wie sie herbeigeführt wird«[11]. Außerdem sollte klar sein, daß es sich dabei um die für Menschen denkbar größte Katastrophe handelt. Ich bin daher der Meinung, daß diese Gefahr gar nicht überschätzt werden kann und daß alle denkbaren Nachteile, die man in Kauf nehmen müßte, um sie zu verhindern, im Vergleich dazu gering sind. Die gelegentlichen Behauptungen z. B. von französischer Seite, hier würden sonstige diffuse Lebensängste auf dieses Ereignis projiziert, erscheinen mir allzu unernsthaft, um auf sie einzugehen. Diese Angst ist realitätsangemessen; es ist sinnlos, hier nach zusätzlichen irrationalen Faktoren zu fragen, und die Frage ist daher nur, wieso die große Mehrheit diese Angst nicht empfindet. Hier gibt es erstens die psychoanalytische Deutung, die Angst werde auf andere Dinge verschoben.[12] Ich finde das nicht besonders zwingend, denn wenn sich das Quantum der Angst durch Verschiebung so verringern läßt, könnte sie genausogut einfachhin geleugnet statt verschoben werden. Wir haben zweitens vorhin gesehen, daß für den, der mit Rücksicht auf die Gefahr der Russen meint, die Hochrüstung befürworten zu müssen, das innersystemische Vorurteil naheliegt, die Kriegsgefahr herunterzuspielen. Ich habe tatsächlich noch keinen Falken erlebt, dem ein akutes Bewußtsein von der Gefahr des Atomkriegs anzumerken war. Aber

11 *Sanity and Survival,* a. a. O., S. 138.

12 Vgl. Nedelmann (Hrsg.), *Zur Psychoanalyse der nuklearen Drohung,* a. a. O.; H. E. Richter, »Psychotherapie und Militarismus«, in: *Mediatus,* 5 (1985), Nr. 3, S. 5-7.

das innersystemische Vorurteil für sich kann dazu kaum ausreichen, außerdem ist zu beachten, daß auch die große Mehrheit derjenigen, die in keiner der beiden Richtungen besonders festgelegt sind, diese Angst nicht empfindet. Man weiß von der Gefahr, aber man empfindet sie nicht. Ein Faktor ist gewiß, daß die meisten Menschen meinen, sie können doch nichts daran ändern. Aber hätten sie auch dann keine Angst, wenn sie mit großer Wahrscheinlichkeit annähmen, daß es morgen passiert? So scheint der wichtigste Faktor zu sein, daß es für uns Menschen schwierig ist, solchen Gefahren, die nicht sinnlich wahrnehmbar oder direkt antizipierbar sind, kognitiv und emotional angemessen Rechnung zu tragen.[13]

Kann man so etwas als Vorurteil bezeichnen? Wir stoßen hier auf einen andersgearteten Faktor, der uns ebenfalls daran hindert, die Realität angemessen wahrzunehmen, aber insofern kein Vorurteil im gewöhnlichen Sinne ist, als er nicht von einem Interesse abhängt. Man könnte höchstens sagen, es liege im Interesse unseres normalen Weiterlebens, von der Gefahr abzusehen, wenn wir an ihr doch nichts ändern können. Das ist zwar richtig, aber entscheidend scheint mir hier ein rein kognitiver Mangel zu sein. Ich komme damit auf den Anfang meines Gedankenganges zurück, wo ich von der Vermutung ausging, daß wir an den großen heutigen Gefahren scheitern wegen einer mangelhaften Rationalität, seien es mangelhafte kognitive Fähigkeiten oder ein mangelhafter Willen, unsere kognitiven Fähigkeiten den neuartigen Gefahren entsprechend auszuweiten. Auch in unserem sonstigen praktischen Leben nützen wir unsere kognitiven Fähigkeiten häufig nicht in dem Maße aus, als die praktische Aufgabe, vor der wir stehen, es erfordert. Man könnte hier den Kantischen Terminus der »Faulheit der Vernunft« verwenden. Man kann also auch hier von einem Interesse sprechen, es besteht jedoch lediglich in dem Interesse an kognitiver Trägheit, an einem Minimum an Kraftaufwendung des Denkens und der Phantasie. Je neu-

13 Vgl. u. a. Frank, *Sanity and Survival,* a. a. O., S. 27; s. auch meinen Artikel »Keine Angst vor dem Atomkrieg?«, S. 83-87 in diesem Band.

artiger die Probleme sind, vor die wir uns gestellt sehen, desto mehr müßte unser kognitiver Apparat auf ungewohnte Weise in Gang gesetzt werden, desto größer daher, aber auch desto gefährlicher der Widerstand aus kognitiver Trägheit. Da auch Urteile, die sich aus kognitiver Trägheit ergeben, gegen Korrektur emotional relativ resistent sind – eben aus kognitiver Trägheit –, kann man auch sie als Vorurteile bezeichnen.

Ich glaube, daß auch die Neigung, nur den Gegner als bedrohlich anzusehen und die eigene Bedrohlichkeit zu übersehen, eine Neigung, von der wir gesehen haben, daß sie die Psychoanalytiker auf Projektion zurückführen, in Wirklichkeit mindestens zu einem großen Teil ein Vorurteil aus kognitiver Trägheit ist. Denn zu erkennen, wie das eigene Verhalten sich auf sein Gegenüber auswirkt, sowohl im individuellen wie im kollektiven Fall, erfordert die besondere kognitive Leistung, eine komplexe Handlungssituation nicht nur aus der eigenen Perspektive, sondern auch aus der Perspektive der anderen Seite wahrzunehmen – und das ist eine Fähigkeit, von der man weiß, daß sie Kinder erst in einem bestimmten Alter erwerben und die angemessen zu betätigen eine bleibende Schwierigkeit darstellt.

Ich kann jetzt die systematische Betrachtung über die Vorurteile, die bei der gegenteiligen Einschätzungstendenz der beiden Gefahren von seiten der Falken und der Tauben im Spiel zu sein scheinen, dahingehend zusammenfassen, daß es sich um drei Arten von Vorurteilen handelt: erstens Vorurteile aus unabhängigen psychologischen und soziologischen Wurzeln, zweitens innersystemische Vorurteile, drittens Vorurteile aus kognitiver Trägheit, und dabei zeigte sich, daß die Einschätzung der Falken allen drei Vorurteilsarten ausgesetzt ist, während bei den Tauben die Vorurteile aus unabhängigen psychologischen und soziologischen Wurzeln zu fehlen scheinen und auch Vorurteile aus kognitiver Trägheit jedenfalls nicht so auffällig sind.

Ich habe aber die Einschätzung der Wahrscheinlichkeit des Ausbruchs eines Atomkriegs bisher nur abstrakt betrachtet. Von seiten der offiziellen Sicherheitspolitik würde protestiert werden, daß ihre extrem niedrige Einschätzung der Wahrscheinlichkeit des Atomkrieges nur verstanden werden kann auf der Grundlage des Systems der wechselseitigen Abschreckung. Dieses System ist angeblich der sicherste Schutz gegen den Ausbruch eines Krieges. Untersuchen wir die Argumente:

Das eine Argument beruft sich auf das Faktum, die Abschreckung habe in den letzten 30 Jahren funktioniert, also wird sie weiter funktionieren. Dieses Argument wiegt offenbar in der breiten Bevölkerung sehr stark, ist aber logisch gesehen sehr schwach, scheint also auf kognitiver Trägheit zu beruhen. Erstens ist die Gefahr zu groß, als daß man sich darauf verlassen könnte, daß, was bisher funktioniert hat, weiter funktionieren wird. Ebenso könnte ein Kettenraucher sagen: bisher ging's gut, also wird es weiter gut gehen. Zweitens wissen wir, daß das Drohsystem, auf dem die Abschreckung beruht, bereits einmal, in der Kuba-Krise, bis an den Rand der Katastrophe ausgereizt worden ist. Drittens ist der bisherige Tatbestand falsch beschrieben, wenn gesagt wird, es kam zu keinem Krieg wegen der wechselseitigen Abschreckung. Wir wissen nur, es kam zu keinem Krieg und es gab die atomare Abschreckung. Ein kausaler Zusammenhang ist nicht erwiesen. Daß man ihn für erwiesen hält, kann an folgender Vorurteilstendenz liegen, auf die Jerome Frank aufmerksam macht: »Wenn jemand etwas tut, um ein unerwünschtes Ereignis zu vermeiden, ist er stark motiviert, das Nichteintreffen des Ereignisses als Beweis für die Richtigkeit seines Tuns zu betrachten, denn wäre das Tun in Wirklichkeit unnötig gewesen, so wäre es töricht gewesen.«[14]

Also das Argument aus der Faktizität hat keine Kraft. Das zweite Argument bezieht sich auf das, was man die Logik der wechselseitigen atomaren Abschreckung nennen könnte. Diese gründet sich auf das Ausmaß der angedrohten Gefahr. Jede der beiden Seiten ist gezwungen stillzuhalten, weil es andernfalls zur umfassenden Katastrophe kommt. Solange das Argument nur so formuliert ist, erscheint es ziemlich stark. Aber die Katastrophe droht ja nicht an sich, sie wird vielmehr

14 Frank, *Sanity and Survival*, S. 144.

wechselseitig angedroht, und diese Drohung impliziert, daß der Drohende zugleich mit seiner eigenen Vernichtung droht. Darin ist nun aber eine Instabilität eingebaut. Denn mit einer Reaktion zu drohen, die die eigene Vernichtung impliziert, wirkt irrational und daher unglaubhaft. Kann die andere Seite diese Drohung wirklich ernst nehmen? Verhält sich der erste Kontrahent so, daß der zweite die Drohung nicht ernst nimmt, wird die Drohung unwirksam, erweist sich als Bluff. Eben das bringt ihn in Handlungszwang. In der Kuba-Krise standen die Amerikaner unter diesem Handlungszwang. Die Russen gaben klein bei. Hätten andernfalls die Amerikaner klein beigegeben? Wir wissen es nicht. So etwas kann einmal, auch zweimal, aber nicht auf Dauer gutgehen. Daraus scheint zu folgen: Die wechselseitige Drohung mit dem Atomkrieg kann kurzfristig zur Folge haben, daß ein Krieg nicht stattfindet, aber sie hat langfristig zur Folge, daß die Welt zugrunde geht.

Inzwischen sind es gerade die Falken, jedenfalls in den USA, die auf die Schwäche der Abschreckungsstrategie hinweisen.[15] Aber natürlich treten sie eine Flucht nicht nach hinten, sondern nach vorn an. Die Drohung mit der eigenen Vernichtung ist nicht glaubhaft; also tritt an ihre Stelle die Drohung mit einem begrenzten Atomkrieg einerseits, der Versuch eines Verteidigungssystems gegen einen gegnerischen Raketenangriff andererseits. Ich sehe nicht, wie man bezweifeln kann, daß durch diese strategische Veränderung die atomare Katastrophe näherrückt. Wieso wird die neue Strategie von der Bevölkerung unterstützt?

Diese Frage läßt sich für die USA und für Europa nicht einheitlich beantworten. In den USA ist man offenbar auf der einen Seite erleichtert, daß die demütigende Zeit, in der man sich alles gefallen lassen mußte und einem die Hände gebunden waren, zu Ende geht: Hier kommt jenes sozialpsychologische Vorurteilssyndrom in einer extremen, aggressiven Form

15 Vgl. den Artikel von Fred Iklé »Nukleare Strategie: ist ein gutes Ende möglich?« in der *Frankfurter Allgemeinen Zeitung*, 30. 5. 1985, S. 10 f. und 31. 5. 1985, S. 10.

zur Wirkung – die Sowjetunion als das Reich des Bösen; auf der anderen Seite scheint es durch massive Vorurteile aus kognitiver Trägheit abgestützt zu werden, wenn erstens übersehen wird, daß es eher unwahrscheinlich ist, daß sich ein Atomkrieg begrenzen läßt, und wenn zweitens die Wendung zu einer Strategie der Verteidigung und eigenen Sicherheit begrüßt und dabei übersehen wird, daß von dem SDI-Programm bestenfalls ein Verteidigungssystem vom Boden aus zu verwirklichen sein wird, wodurch gegebenenfalls eine punktuelle Verteidigung der Raketensilos zu erreichen ist, aber keine der Städte und des flachen Landes. Die großen Gefahren, die inzwischen schon viel früher durch dieses Programm u. a. durch die Möglichkeit erzeugt werden, das gegnerische Satellitensystem zu zerstören, sind kognitiv zu komplex, um wahrgenommen zu werden.

Und in Europa? Die Nachrüstungsdebatte war ein Musterbeispiel für die Durchschlagskraft der kognitiven Trägheit. Die Argumente, die zeigten, daß die Stationierung der neuen Raketen nicht zur Abwehr gegen die SS-20 dienen konnten und die Gefahr des Ausbruchs eines Atomkriegs erhöhen mußten, waren alle um zwei, drei Ecken komplexer als das schlichte Argument »Wenn sie Mittelstreckenraketen haben, brauchen auch wir welche, so wird das Gleichgewicht wiederhergestellt«, ein Argument, dessen Struktur außerdem so gut in herkömmliches militärpolitisches Denken paßte und von der Notwendigkeit entlastete, sich in die Besonderheiten der Situation der atomaren Bedrohung hineinzudenken. In der letzten Phase der Nachrüstungsdebatte wurde freilich die militärpolitische Argumentation zurückgedrängt: Entscheidend sei es, daß kein Keil zwischen uns und die USA getrieben werde. Mit Bezug auf SDI gar, für das es aus europäischer Perspektive ein militärpolitisches Argument überhaupt nicht mehr gibt, hat sich die Argumentation auf offizieller Seite in der Bundesrepublik (abgesehen von technologisch-wirtschaftlichen Argumenten) ganz auf die Treue zum großen Bruder verlegt. Wie immer negativ sich das, was er plant, für unsere Sicherheit auswirken mag, so ist doch für unsere Sicherheit am besten gesorgt, wenn wir uns möglichst eng an ihn anlehnen. Ob sich das durchhalten lassen wird, wird sich zeigen müssen. Wenn ja, ist das eine – durch das Ausmaß der Hintanstellung der eigenen realen Interessen – geradezu phantastisch wirkende Bestätigung des sozialpsychologischen Befundes, daß sich der Schwache durch Vasallentreue zum Mächtigen in seinem Selbstwert- und Sicherheitsgefühl kompensieren kann.

Solange die Sicherheitspolitik des Westens noch von der Idee der wechselseitigen Abschreckung beherrscht war, konnte sie wenigstens den Schein von Rationalität für sich beanspruchen. Daß die gegenwärtige westliche Militärpolitik z. B. in der Bundesrepublik, aber auch in allen anderen westeuropäischen Ländern und sogar z. B. in Australien einigermaßen zustimmungsfähig bleibt, erscheint nicht mehr argumentativ nachvollziehbar und wäre, was die verschiedenen Vorurteilskomponenten betrifft, ein Gegenstand empirischer Untersuchung. Australien wäre ein besonders lehrreicher Fall. Der Gedanke, der bei uns in der Mehrheit der Bevölkerung wahrscheinlich der ausschlaggebende ist, daß wir ohne die Amerikaner den Russen wehrlos ausgeliefert wären, muß in irgendeiner Form auch dort vorhanden sein, obwohl der Gedanke an einen sowjetischen Überfall auf Australien dem Außenstehenden etwas merkwürdig erscheinen mag. Um dieser Drohung zu begegnen, hält jedoch die Mehrheit der australischen Bevölkerung einen Verteidigungspakt mit den USA für erforderlich, der zum Bau einer der großen, für das weltweite US-Kommunikations- und Satellitensystem lebenswichtigen Basen in Australien geführt hat, und so ist das Land zu einem der im Ernstfall vordringlichsten Ziele für einen sowjetischen Raketenangriff geworden. Von weitem gesehen mag dieser Fall tragikomisch erscheinen. Irrationalitäten sind eben immer leichter bei anderen und aus der Distanz zu erkennen. Aber vermutlich unterscheidet sich diese Tragikomik nicht wesentlich von unserer eigenen und von der der heutigen Menschheit im ganzen.

Statt eines Nachworts: Ein Leserbrief über Tschernobyl

In einem Leitartikel der *Tageszeitung* vom 27. 5. 86 behauptet Max Thomas Mehr, seit Tschernobyl sei die Unterscheidung zwischen ziviler und militärischer Nutzung der Atomenergie obsolet, und er fordert die IPPNW (Ärzte gegen den Atomkrieg) auf, Tschernobyl in den Mittelpunkt ihres Welt-Kongresses in Köln zu stellen, sonst mache sie sich unglaubwürdig. Ich finde das ungeheuerlich.

Dieser Leitartikel zeigt einmal mehr, wie blind die meisten Menschen gegenüber Gefahren sind, die sie nicht direkt erlebt haben. Nur weil wir jetzt einmal direkt erleben konnten, wie gefährlich die Atomkraftwerke sind, sind sich viele Menschen dieser Gefahr überhaupt erst bewußt geworden. Es ist aber keineswegs wahrscheinlicher geworden, daß die nächste atomare Katastrophe wieder eine solche begrenzte sein wird und nicht vielmehr die – jedenfalls für uns in Europa – unbegrenzte des Atomkriegs.

Tschernobyl hätte eine Chance sein können, die Menschen wachzurütteln nicht nur mit Bezug auf diese besondere Gefahr, sondern allgemein dafür, daß eine Gefahr nicht erst dann entsteht, wenn sie konkret eingetreten ist. Tschernobyl hätte auch, indem man es mit einem Faktor von Tausend oder Hunderttausend multipliziert, dazu beitragen können, sich das Grauen des Atomkriegs deutlicher vorzustellen. Aber weil man sich nach wie vor weigert zu denken (wozu haben wir eigentlich einen Verstand?) und nur das zur Kenntnis nimmt, was mit den Sinnen wahrzunehmen ist, wird auch diese Chance vertan, ja in ihr Gegenteil verkehrt.

Wer Tschernobyl ernst nimmt, sollte es nicht dazu mißbrauchen, die Atomkriegsgefahr zu verharmlosen. Oder ist es etwa nicht eine Verharmlosung, wenn man sagt, der Unterschied zwischen einer Art Gefahr und einer anderen bestehe nicht mehr, obwohl die eine irgendwo zwischen tausend- und hunderttausendmal größer ist als die andere? Die eine haben wir jetzt erlebt, die andere werden wir nicht überleben. Wenn die große Mehrzahl unserer Mitbürger, ja sogar so aufgeklärte Zeitgenossen wie die Redakteure der *taz*, sich mit Bezug auf die Atomkriegsgefahr weiter so verhalten wie bisher mit Bezug auf die in den AKWs steckende Gefahr: daß sie sie erst in dem Moment wahrnehmen, wenn sie konkret eintritt, dann ist das Verhängnis nicht mehr aufzuhalten.

Literaturverzeichnis

AFHELDT, Horst, *Verteidigung und Frieden,* München 1976.

ALBRECHT, Ulrich (Hrsg.), *Rüstung und Abrüstung,* Spektrum der Wissenschaft, Heidelberg 1983.

ANDERS, Günther, *Die Antiquiertheit des Menschen,* 2 Bde., München 1983 (6. Aufl.) bzw. 1984 (3. Aufl.).

ANSCOMBE, Elisabeth, *The Collected Philosophical Papers,* Oxford 1981.

BECKER, Hellmut/NEDELMANN, Carl, *Psychoanalyse und Politik,* Frankfurt/M. 1983.

BENNETT, Jonathan, »Morality and Consequences«, in: Sterba (Hrsg.), *The Ethics of War and Nuclear Deterrence,* Belmont 1985.

BENNETT, J., »Whatever the Consequences«, in: *Analysis,* Bd. XXVI (1965/66), S. 83-102.

BUNDY, McGeorge/KENNAN, George F./McNAMARA, Robert S./SMITH, Gerard, »Kernwaffen und das atlantische Bündnis«, in: *Europa-Archiv,* 37. Jg. (1982), S. 183-198.

CLAUSEN, Peter/KRASS, Allan/ZIRKLE, Robert, *In Search of Stability – An Assessment of New U.S. Nuclear Forces,* A Report by the Union of Concerned Scientists, 1986.

CLAUSEWITZ, Carl von, *Vom Kriege,* Frankfurt/M.–Berlin–Wien 1980.

EBERT, Theodor, *Gewaltfreier Aufstand,* Frankfurt/M. 1970.

FISHER, David, *Morality and the Bomb. An Ethical Assessment of Nuclear Deterrence,* London und Sidney 1985.

FRANK, Jerome, *Sanity and Survival. Psychological Aspects of Peace and War,* New York 1967.

FREUD, Sigmund, »Das Unbehagen in der Kultur«, in: ders., *Kulturtheoretische Schriften,* Frankfurt/M. 1986.

HOROWITZ, David, *Kalter Krieg: Hintergründe der U.S. Außenpolitik von Jalta bis Vietnam,* 2 Bde., Berlin 1969.

IKLÉ, Fred Ch., »Nukleare Strategie: Ist ein gutes Ende möglich?«, in: *Frankfurter Allgemeine Zeitung,* 30. 5. 1985 und 31. 5. 1985.

IKLÉ, F. Ch., »Die Nato zögert zuzugeben, einem Feind gegenüberzustehen« (= Rede auf der 23. Münchener Wehrkundetagung, März 1986), in: *Frankfurter Rundschau* (Dokumentation), 18. 3. 1986.

JOHNSON, J. T., *Just War Tradition and the Restraint of War: A Moral and Historical Inquiry,* Princeton 1981.

KAISER, Karl/LEBER, Georg/MERTES, Alois/SCHULZE, Franz-Joseph, »Kernwaffen und die Erhaltung des Friedens. Stellungnahme zu einem amerikanischen Vorschlag über den Verzicht auf Ersteinsatz von Kernwaffen«, in: *Europa-Archiv,* 37. Jg. (1982), S. 357-368.

KENNAN, George F., *Im Schatten der Atombombe,* Köln 1982.

KENNY, Anthony, *The Logic of Deterrence,* Chicago 1985.

LUTZ, Dieter (Hrsg.), *Sicherheitspolitik am Scheidewege?*, Schriftenreihe der Bundeszentrale für politische Bildung, Bonn 1982.

MAURER, Reinhart, »Philosophie und Frieden«, in: *Allgemeine Zeitschrift für Philosophie*, Bd. 11 (1986), S. 37-56.

McDONAGH, Philip, »A Greek Tragedy Reviewed«, in: *Transnational Perspectives*, XI (1985), S. 22-28.

MECHTERSHEIMER, A./BAHRDT, P. (Hrsg.), *Den Atomkrieg führbar und gewinnbar machen?*, Reinbek 1983.

MERTES, Alois, »Friedenserhaltung – Friedensgestaltung«, in: *Europa-Archiv*, 38. Jg. (1983).

MERTES, A., »Sicherheitspolitik für die 80er Jahre«, in: D. Lutz (Hrsg.), *Sicherheitspolitik am Scheideweg?*, Bonn 1982.

MÖLLER, W./VILMAR, F., *Sozialistische Friedenspolitik in Europa*, Reinbek 1972.

NAGEL, Thomas, *Mortal Questions*, Cambridge 1979 (Dt. Übersetzung: *Über das Leben, die Seele und den Tod. Essays*, Königstein 1984).

NAGEL, Th., »Agent-Relative-Morality«, in: Sterba (Hrsg.), *The Ethics of War and Nuclear Deterrence*, Belmont 1985.

NEDELMANN, Carl (Hrsg.), *Zur Psychoanalyse der nuklearen Drohung*, Göttingen 1985.

O'BRIEN, W., *The Conduct of Just and Limited War*, New York 1981.

RAMSEY, P., *War and the Christian Conscience*, Durham 1961.

RAMSEY, P., *The Just War: Force and Political Responsability*, New York 1968.

RICHTER, Horst-Eberhard, *Zur Psychologie des Friedens*, Reinbek 1982.

RICHTER, H.-E., »Psychotherapie und Militarismus«, in: *Mediatus*, 5 (1985), Nr. 3.

STERBA, James P. (Hrsg.), *The Ethics of War and Nuclear Deterrence*, Belmont 1985.

STERBA, J. P., »How to Achieve Nuclear Deterrence Without Threatening Nuclear Destruction«, in: ders. (Hrsg.), a.a.O., S. 155-168.

TUGENDHAT, Ernst, *Probleme der Ethik*, Stuttgart 1984.

WALKER, Paul F., »Wirksame Verteidigung mit intelligenten Atomwaffen«, in: *Spektrum der Wissenschaft*, Nr. 10/1981.

WALZER, Michael, *Just and Unjust Wars*, New York 1977.

WEBER, Max, »Politik als Beruf«, in: ders., *Gesammelte politische Schriften* (3., erweiterte Aufl., hrsg. von J. Winckelmann), Tübingen 1971, S. 505-560.

WEINBERGER, Caspar, *Annual Report to the Congress: Fiscal Year 1986*, Washington 1986.

WEIZSÄCKER, Carl Friedrich von, *Wege in der Gefahr*, München 1976.

WOLFE, Alan, *The Rise and Fall of the »Soviet Threat«*, Institute for Policy Studies, Washington 1979.

Rationalität und Irrationalität der Friedensbewegung und ihrer Gegner. Vortrag an der Freien Universität Berlin (Oktober 1983), als Broschüre im Verlag Europäische Perspektiven erschienen.

Glucksmanns »Philosophie der Abschreckung«. Stellungnahme bei einem Streitgespräch mit André Glucksmann an der Katholischen Akademie Hamburg, erschienen in: *Leviathan,* N. 4/1984.

Rationalität und Moral in der Friedensbewegung. Formen des Pazifismus. Vortrag in Berlin (Juli 1985), als Broschüre des Arbeitskreises atomwaffenfreies Europa erschienen.

Keine Angst vor dem Atomkrieg? Artikel in der *Tageszeitung* am 6. August 1985 zum 40. Jahrestag des Atombombenabwurfs auf Hiroshima, in der vorliegenden, erweiterten Fassung auch im Jahrbuch 1985 des Komitees für Grundrechte und Demokratie erschienen.

Irrationale Faktoren in der Diskussion über die Sicherheitspolitik. Vortrag 1986. Ein gekürzter Vorabdruck erschien in der *ZEIT* vom 19. Juni 1986.

Ernst Tugendhat, geboren 1930 in Brünn (Tschechoslowakei), 1938 in die Schweiz, 1941 nach Venezuela ausgewandert, Studium an der Stanford University (USA) und in Freiburg im Breisgau. Dr. phil. 1956, Professor für Philosophie seit 1966, seit 1980 an der Freien Universität Berlin. Vorstandsmitglied des »Arbeitskreises atomwaffenfreies Europa«.

Wichtigste Veröffentlichungen: *TI KATA TINOS: eine Untersuchung zu Struktur und Ursprung aristotelischer Grundbegriffe,* Freiburg i. Br. (Alber) 1958; *Der Wahrheitsbegriff bei Husserl und Heidegger,* Berlin (de Gruyter) 1967; *Vorlesungen zur Einführung in die sprachanalytische Philosophie,* Frankfurt/M. (Suhrkamp) 1976; *Selbstbewußtsein und Selbstbestimmung,* Frankfurt/M. (Suhrkamp) 1982; *Probleme der Ethik,* Stuttgart (Reclam) 1984.